FRANZI SCHÄDEL

GESCHENKE — PFLANZEN

NACHHALTIG
& SAISONAL
AUS DEM GARTEN

KOSMOS

INHALT

4 **VORWORT:** Nachhaltig Freude schenken

6 Frühling

8 Flieder – so schmeckt der Frühling
12 Upcyceln für Insekten
14 **DIY:** Insektenhotel
16 **DIY:** Zinnien im Tetrapak
18 Nachhaltig aussäen
24 Nützlich und schön für Pflanzen
28 Mini-Frühlingsgärten
30 **DIY:** Mini-Garten im Korb
32 Wohltuendes für Hände & Füße

Mit DIY-Anleitungen

38 Sommer

40 Getrockneter Blütenzauber
50 Teezeit
54 Wellness für Gartenfans
60 Emaille-Style für den Garten
62 DIY: Mini-Garten mit Insektentränke

64 Herbst

66 Saatgut ernten
68 DIY: Saatgut-Grußkarten
70 Natürliche Kränze
72 DIY: Kranz mit Herbstfrüchten
80 Magische Herbstlichter
84 Mit Düften verbunden

94 Winter

96 Tierisch gute Snackbars
100 Nachhaltig schöne Adventsdeko
110 Natürliche Verpackungen
112 DIY: Kreative Verpackungen
114 Oh Tannenbaum!
116 DIY: Tannenbaum aus Hölzern

120 Service

120 Danksagung
122 Mitwirkende
124 Bezugsquellen
125 Register

Vorwort

Nachhaltig Freude schenken

Mein Paps sagt bei jedem Baum, jeder Staude und jeder noch so kleinen Pflanze, die wir gemeinsam anpflanzen: „Und wenn morgen die Welt unterginge, ich würde heute noch ein Apfelbäumchen pflanzen." Diesen Satz soll Martin Luther gesagt haben, wirklich nachzuweisen ist dies nicht, aber ich mag diesen irgendwie doch sehr hoffnungsvollen Satz einfach gern.

Und so stehe auch ich jedes Mal, wenn ich etwas in meinem Garten pflanze oder ernte, ein bisschen ehrfürchtig da und murmle diesen Satz vor mich hin. Und ich bin dankbar, dass ich all meine Ideen zum Thema „Geschenke aus dem Garten" in dieses Buch einbringen konnte. Ist es nicht wunderbar, dass wir aus all dem, was uns die Natur schenkt, so viele tolle Dinge zaubern können? Es ist fast verrückt, wie viele Möglichkeiten es gibt.

Dieses Buch, welches ihr jetzt in der Hand haltet, wird euch eine kleine Stütze auf eurem Weg in ein nachhaltigeres und naturnäheres Leben sein. Ich wünsche mir, dass es euch einen großen Schwung Motivation gibt!

Eine wichtige Erkenntnis möchte ich euch unbedingt mit auf euren Weg geben: Nachhaltig(er) leben bedeutet absolut nicht, dass ihr alles perfekt machen müsst! Löst euch vom Perfektionismus und fangt einfach an! Denkt neu und lasst euch nicht unterkriegen! Gemeinsam können wir so viel erreichen und irgendwas in mir glaubt immer noch fest daran, dass wir die Probleme unserer Welt lösen können! Ich wünsche mir von Herzen, dass auch ihr niemals aufhört daran zu glauben!

Weil ... einen zweiten Planeten haben wir nicht. Also lasst uns gemeinsam alles dafür tun, dass wir diesen Planeten, so gut es geht, schützen, unseren Egoismus dabei ein wenig hintenanstellen und die Welt ein ganzes Stück grüner machen.

Habt viel Freude mit diesem Buch!

FRANZI

FRÜHLING

Flieder – so schmeckt der Frühling

Im späten Frühjahr, wenn ein ganz einzigartiger, süßer und frischer Duft durch die Welt weht, blüht der Flieder. Und Flieder ist nicht nur schön anzusehen, sondern auch kulinarisch ein Highlight.

Im Mai, da blüht der Flieder und besticht immer wieder mit seinem wunderbaren Duft und seinen wunderschönen Blüten. Ich sehne mich jedes Jahr aufs Neue, spätestens ab März, nach dieser duftenden Zeit, und sobald die erste Dolde so richtig aufblüht, steckt meine Nase schon darin! Ja, das mag etwas verrückt klingen, aber der Duft von Flieder ist für mich das Zeichen, dass der Frühling so richtig angekommen ist.
Ich dachte lange Zeit, dass der Edelflieder *(Syringa vulgaris)* nicht nur mich so unheimlich anzieht, sondern auch unsere bunte Insektenwelt. Doch die Wahrheit ist, dass der Edelflieder (auch Gewöhnlicher Flieder genannt) für unsere Insektenwelt als Futterquelle, obwohl er so wohlduftend und prächtig daherkommt, kaum interessant ist. Es liegt daran, dass der Gewöhnliche Flieder den Insekten aufgrund bitterer und für sie auch leicht giftiger Inhaltsstoffe schlicht nicht schmeckt. Insekten – vor allem Schmetterlinge – bevorzugen stattdessen den Nektar des im Frühsommer blühenden Schmetterlingsflieders *(Buddleja)*.
Vielleicht habt ihr auch schon einmal davon gehört oder gelesen, dass Flieder für uns Menschen leicht giftig ist. Und leider stimmt das zumindest so weit, dass er für uns zwar nicht giftig ist, aber bei übermäßigem Verzehr Vergiftungserscheinungen wie Bauchschmerzen, Erbrechen oder Durchfall hervorrufen kann. Auch hier ist also eine gute Portion Vorsicht eine gute Idee. Kinder und auch Haustiere sollten generell Abstand von dem Verzehr von Flieder nehmen, die Konzentration der reizenden Inhaltsstoffe ist schlicht zu hoch für deren Körper und Verdauungssystem.
Nun, mit dieser Aufklärung steht dem Genuss nichts mehr im Wege (lasst euch also bitte nicht zu sehr abschrecken) und meine zwei liebsten

Der Geruch des Flieders ist wohl der süßeste und duftendste Gruß des Frühlings.

Fliederrezepte, die ihr auf den folgenden Seiten findet, sorgen dafür, dass ihr im Frühjahr immer ein leckeres Mitbringsel parat habt.
Probiert die Rezepte unbedingt aus! Flieder in Maßen genossen ist einfach nur köstlich und so besonders.

HALTBAR MACHEN

Vielleicht geht es euch wie mir und ihr möchtet euch den süßen Geruch und Geschmack des Flieders am liebsten für immer konservieren und auch zu einer späteren Zeit im Jahr noch daran schnuppern und euch in den Frühling zurückversetzt fühlen? Wenn dem so ist, kann ich euch die Konservierung des Flieders in Zucker nur empfehlen. Das ist so schnell und einfach gemacht, bringt aber ein großes Frühlings-Glück für lange Zeit mit sich. Auf der folgenden Seite seht ihr, wie es geht.

TIPP

Der hübsche und robuste Schmetterlingsflieder *(Buddleja)* bietet Schmetterlingen auch im Hochsommer noch eine gute Nektarquelle. Ihr könnt aber auch auf heimische Alternativen wie den Blutweiderich zurückgreifen, der zusätzlich die Raupen mit Nahrung versorgt und dessen junge Blätter wir als Zugabe für aromatische Salate verwenden können!

FLIEDERZUCKER

FÜR 1 GLAS FLIEDERZUCKER

- 350 g Zucker
- 1 große Fliederdolde
- 1 passendes und verschließbares Glas

Bitte pflückt die Fliederdolden nur in eurem Garten oder dem Garten einer Person eures Umfelds und nicht direkt an einer Straße. Die Belastung durch Abgase und Feinstaub ist dort einfach zu hoch.
Nachdem ihr die Fliederdolde gepflückt habt, lasst ihr sie noch für ein paar Minuten liegen, damit sich kleine Insekten, die bisher in der Dolde lebten, ihren Weg nach draußen bahnen können. Helft ihnen bitte auch bei der Suche nach dem Weg in die Freiheit! Schüttelt die Dolde auch gern einmal vorsichtig über einem Tuch aus, damit wirklich der letzte Bewohnende den Weg nach draußen findet.
Wascht die Dolde nicht, sonst verklumpt der Zucker später zu sehr. Zupft nun vorsichtig alle Blüten von der Dolde und gebt sie in euer Glas.

Wenn ihr mögt, könnt ihr die feinen Blüten vorab auch noch mit einem Mörser zerkleinern. Gebt dafür etwas Zucker in den Mörser, damit die Blüten wirklich ganz fein gemahlen werden.
Nun den restlichen Zucker über die Blüten schütten und alles gut miteinander vermengen.
Stellt euer Glas mit dem frischen Fliederzucker nun ein paar Tage an einen dunklen Ort und lasst den Inhalt gut durchziehen. Wundert euch nicht, wenn euer Zucker später noch etwas feucht daherkommt. Durch den (wenn auch wenigen) in den Blüten enthaltenen Nektar ist das ganz normal.
Den Fliederzucker könnt ihr nun für alles verwenden, wo ihr sonst auch Zucker benutzt. Ich empfehle euch auf jeden Fall die Verwendung auf frischen Obstsalaten oder geschlagener (veganer) Sahne. Einfach nur köstlich!

FLIEDERSIRUP

Es gibt zwei Varianten: die warme und die kalte Herstellung. Zum Verschenken würde ich euch immer zur warmen Version raten. Wenn es allerdings ein kurzfristiges und schnell verzehrbares Geschenk werden soll, dann probiert unbedingt die kalte Version aus. Sie ist nämlich wirklich die geschmackvollste Variante!

Kalte Variante

Lasst das Wasser gemeinsam mit dem Zucker für ca. 15 Minuten sprudelnd köcheln, auf jeden Fall so lange, bis eine leichte Sirupkonsistenz entstanden ist.
Stellt den entstandenen Sirup zum Abkühlen zur Seite.

1

2

1. + 2. Eines meiner Highlights im Frühling ist definitiv der wunderbare Flieder.

Zupft die Blüten der Dolden nach und nach ganz vorsichtig ab. Achtet bitte darauf, dass ihr wirklich nur die Blüten zupft, grüne Bestandteile des Flieders haben in eurem Sirup nichts verloren, sie sind nicht gut bekömmlich und machen den Sirup bitter. Die Blüten nun – zusammen mit einer geschnittenen Bio-Zitrone – in ein großes, verschließbares Glas geben und mit dem kalten Sirup übergießen. Bitte schwenkt das Glas mehrmals vorsichtig, damit sich alles gut verteilen kann.
Lasst das Glas nun an einem kühlen und dunklen Platz (am besten im Kühlschrank) mindestens drei Tage stehen und schwenkt es täglich vorsichtig, damit sich alles gut verteilt und alle Blüten gut bedeckt von der Flüssigkeit bleiben.
Schüttet nach drei Tagen die Flüssigkeit durch ein Sieb und füllt den fertigen Sirup in saubere Flaschen ab. Dieser Sirup sollte auf jeden Fall im Kühlschrank aufbewahrt werden und ist ca. zwei bis drei Wochen haltbar.

Warme Variante

Zupft die Blüten der Dolden nach und nach ganz vorsichtig ab und gebt sie zusammen mit einer geschnittenen Bio-Zitrone in einen separaten Topf. In einem weiteren Topf lasst ihr das Wasser mit dem Zucker für ca. 15 Minuten sprudelnd köcheln, auf jeden Fall so lange, bis eine schöne Sirupkonsistenz entstanden ist.
Gebt den heißen Sirup über die Blüten und die Zitronen, und lasst das Gemisch bei geschlossenem Deckel ganz in Ruhe abkühlen.
Lasst das Glas nun an einem kühlen und dunklen Platz (am besten im Kühlschrank) mindestens drei Tage stehen, so kann das Aroma gut durchziehen.
Schüttet nach drei Tagen die Flüssigkeit durch ein Sieb und lasst den entstandenen Sirup noch einmal gründlich aufkochen, bevor ihr ihn in saubere Gläser füllt.
Dieser Sirup ist einige Monate haltbar, verliert allerdings mit der Zeit ein wenig sein Aroma.

FÜR 1 FLASCHE SIRUP

- 10 kleine oder 5 große Dolden Flieder (ob weiß oder lila ist ganz egal)
- 750 ml Wasser
- 600 g Rohrohrzucker
- Bio-Zitrone
- verschließbare Flasche

Upcyceln für Insekten

Es ist nicht schwer, in Form von einem Insektenhotel und/oder blühenden Geschenken etwas für Insekten zu tun. Egal, ob nur ein Balkon, ein kleiner Garten oder ein riesiger Garten vorhanden ist, Platz für diese Geschenkideen findet sich überall!

Die Auswahl der angebotenen Insektenpflanzen ist sehr bunt! Einige der Pflanzen oder Saatgutmischungen, die wir im Bau- und Supermarkt so kaufen können, sehen zwar schön aus, sind aber oftmals nicht heimisch und/oder einfach keine gute Quelle für Nektar und Pollen. Gerade unseren – leider eh schon viel zu wenig – vorhandenen Wildbienen bietet solch eine Mischung dann gar keine Futterquelle mehr. Es ist also wirklich an uns, genauer hinzuschauen und die wirklich passenden Pflanzen für unseren Garten, unsere Gegebenheiten und heimischen Insekten auszuwählen. Wenn ihr euch wirklich tief in das Thema einlesen und die perfekte Mischung für euren Garten finden mögt, dann könnt ihr das auf der sehr spannenden Homepage vom „Netzwerk Blühende Landschaft (NBL)" tun.

WILDE ECKEN

Neben der bewussten Auswahl heimischer Wildpflanzen gehört auch das Thema Lebensraum schaffen an oberster Stelle zum Schutz der Insekten. Denn auch, wenn unsere Wiesen wild blühen und wir alles tun, damit diese kleinen Lebewesen Futter bekommen: sie brauchen neben dem Futter auch Lebensraum und einen Platz zum Verweilen. Diese Plätze anzulegen, ist gar nicht so schwer und für einige für euch vielleicht sogar DIE Lösung für vieles.
Denn Lebensraum für Insekten und Tiere zu schaffen, bedeutet vor allem: Lasst es doch mal wild und unaufgeräumt! Sagt der vermeintlichen Perfektion einfach mal Tschüss!
Es braucht mehr wilde Ecken, in denen nicht gemäht oder gejätet wird, in denen vielfältige Wildkräuter und Pflanzen einfach sein dürfen. Ecken, in denen ihr euch kaum bis gar nicht aufhaltet und die wenig betreten werden. Ecken, in denen ihr auch gern Totholz aufschichten könnt und einfach liegen lasst. Vergesst den Perfektionismus im Garten, schafft Lebensräume! Es ist die einfachste Art, Insekten zu schützen!
Lebensräume schaffen bedeutet auch, dass ihr verblühte Stauden und Wildpflanzen einfach mal über den Herbst und Winter hinweg stehen lasst. Denn in den oftmals markhaltigen Stängeln der Pflanzen können sich ebenfalls Insekten wohlfühlen.

Es ist gar nicht so schwer, sich aktiv für eine vielfältige Insektenwelt einzusetzen.

BLÜTEN ZU JEDER JAHRESZEIT

Ein weiteres wichtiges Thema, um einen wirklich insektenfreundlichen Garten entstehen zu lassen, ist dann auch die Thematik: Wann blüht denn überhaupt etwas in unseren Gärten?
Nur im Sommer? Das ist leider zu wenig! Um wirklich eine insektenfreundliche Umgebung zu schaffen, ist es unglaublich wichtig, eine Auswahl zu treffen, die ganzjährig eine gute Option auf Futter bietet.
Auf der Homepage des NABU findet ihr eine ausführliche Tabelle mit heimischen Pflanzen mit Auskunft über die Blütezeit.

GESCHENKE FÜR INSEKTENFANS

Nun fragt ihr euch vielleicht, wie ihr all die wichtigen Faktoren, die es beim Schutz der Insekten zu beachten gibt, zusammenfassend in eine Geschenkidee bringen könnt?!
Mit den hier gezeigten Projekten kann wirklich allen Menschen eine Freude gemacht und aktiv etwas zum Schutz der Insekten getan werden. Wichtig an dieser Stelle zu erwähnen ist mir jedoch, dass die besten Insektenhotels in der freien Natur geschaffen werden! Alte Baumstämme und Totholz bieten immer noch die besten Lebensräume für Insekten. Wir können so viel für unsere vielfältige Insektenwelt tun. Wir müssen nur damit anfangen!

Gute Insektenpflanzen

Schafgarbe, Wilde Malve, Königskerze, Weißdorn, Schlehe, Wildrosen, Distel, Brennnessel, Blutweiderich, Rotklee, Kornblume, Kornelkirsche, Frühlings-Krokus, Löwenzahn, Schmetterlingsflieder, Katzenminze, Vogelbeere, Gänseblümchen, Echte Kamille, Klatschmohn, Huflattich, Schwarzer Holunder, Pfaffenhütchen

DIY: Insektenhotel

Selbst gemacht!

Lebensraum für Insekten zu schaffen, ist gar nicht so schwer, das geht auch auf dem Balkon oder der Terrasse. Mit einem selbst gebauten Insektenhotel macht das dann sogar optisch richtig was her!

Das braucht ihr an Material:

Für dieses Insektenhotel, das mein Paps in den Händen hält, braucht ihr:

- 1 trockenes und abgelagertes Stück Holz mit mindestens 25 cm Tiefe (am besten Hartholz). Das Holzstück muss nicht rund sein, es kann jegliche Form mit sich bringen.
- Akkuschrauber mit verschiedenen Holzbohrern (mindestens 10 cm lang und im Durchmesser mindestens 12 bis 30 mm stark)
- Bleistift und Zollstock zum Vorzeichnen (optional)
- etwas Schleifpapier, zusätzlich ggf. einen Schwingschleifer
- dünne Reinigungsbürste

---

1. Auswahl des Holzes

Schaut euch euer Holz bitte ganz genau an. Sind schon Risse zu erkennen? Dann ist es leider nicht das richtige Stück, denn Risse im Holz können in den gebohrten Röhren die zarten Insekten verletzen. Wenn alles passt, dann macht euch Gedanken, ob ihr einfach ein paar wilde Bohrungen vornehmen oder vielleicht sogar ein Muster erschaffen wollt.

2. Muster vorzeichnen

Wenn ihr euch für ein Muster entscheidet, dann malt es euch am besten mit einem Bleistift vor und messt bei Bedarf auch die Abstände zueinander aus. Entscheidet euch auch vorab, wo ihr dickere und dünnere Löcher setzt. Ein guter Mix sollte auf jeden Fall vorhanden sein. So könnt ihr vorab schon erahnen, wie es später aussehen wird und die passende Anzahl an Löchern vorhanden sein wird.

3. Bohren

Bohrt mit dem Akkuschrauber und dem Holzbohrer verschieden dicke Gänge, die jeweils mindestens 9 cm, lieber 10 bis 15 cm tief sein sollten. Seid dabei bitte vorsichtig, damit die Gänge nicht völlig ausfransen. Mit leichtem Hochziehen während des Bohrens könnt ihr easy Holzspäne entfernen. Ihr solltet euer Holzstück später jedoch nochmals gut ausklopfen, damit kaum bis wenig Reste in den Gängen bleiben!

4. Reinigung

Nach dem Ausklopfen könnt ihr, falls ihr nicht sicher seid oder ihr sogar noch Reste in den Rohren seht, mit einer dünnen Reinigungsbürste nochmals „durchputzen". Nach dieser Arbeit nehmt ihr das Schleifpapier oder einen Schwingschleifer und schleift die Oberfläche schön glatt. Rollt auch gern ein paar Streifen des Schleifpapiers ganz fest zusammen und geht in die Röhrchen hinein, damit später wirklich alles schön glatt und ungefährlich für die Insekten ist.

5. Der richtige Ort

Hängt doch noch eine kleine „Inbetriebnahme" an das Geschenk, in der u. a. drinsteht, dass das Insektenhotel an einem sonnigen, trockenen und eher windgeschützten Ort seinen Platz finden sollte, ohne Äste in der Einflugschneise. Mit diesen Infos kann mit dem Geschenk dann nichts mehr schiefgehen!

TIPP: Wer will, kann das Hotel noch mit einem Erde-Wasser-Gemisch verzieren!

DIY: Zinnien im Tetrapak

Meine Freundin Daniela, die „Die MachBar“ gegründet hat, kommt manchmal auf Ideen, für die ich sie sehr bewundere. Sie ist meine Queen of Upcycling und hat sich für euch alte Tetrapaks vorgenommen. Denkt nur daran, dass die Pflanzen irgendwann mehr Platz brauchen.

Queen of Upcycling

Perfekt zum Upcyceln: Tetrapak

Milchkarton-Upcycling oder Tetrapak-Basteleien sind bei Weitem nichts Neues mehr. Aber seit ich, Daniela, es selber ausprobiert habe, kann ich fester Überzeugung sagen: Es ist wirklich unfassbar, was für ein tolles Material wir tagtäglich einfach über den Müll entsorgen. Das Material ist ziemlich reißfest, wasserdicht, dennoch einseitig beschreibbar oder sogar mit Aquarellfarben bemalbar. Ihr könnt es nähen, kleben, falten, schneiden. Es gibt so viele Möglichkeiten! Wie ihr daraus ein kleines Gefäß für Blumen zaubert, zeige ich euch Schritt für Schritt.

1. Kürzen und kneten

Reinigt den Karton und entfernt die Plastikverschlüsse. Kürzt etwa ein Drittel des Kartons von oben. Am besten geht dies mit einem Brotmesser oder einem Cutter. Knetet den Karton ordentlich durch (den Boden lasst ihr möglichst gerade) und verdreht ihn in alle Richtungen, so dass er merklich weicher wird.

2. Runter mit den oberen Schichten

Jetzt könnt ihr an der „Nahtstelle“ die obere bedruckte Schicht an einer kleinen Ecke lösen und in großen Bahnen und Stücken abziehen. Es dürfen auch zwei Papierschichten sein, Hauptsache, der Karton wird nicht zu dünn oder reißt. Nun habt ihr eine wunderbare Papieroberfläche und könnt diese ganz nach eurem Geschmack gestalten. Besonders gut für draußen eignen sich Acrylmarker oder Acrylfarben.

3. Ränder umfalten

Um einen kleinen Blumentopf zu falten, müsst ihr nun den oberen Rand vorsichtig etwa 2 bis 3 cm nach außen umklappen. Achtung, dabei reißen gerne mal die Ecken, wenn zu viel Spannung drauf ist. Dafür einfach oben zusammendrücken und langsam Stück für Stück umfalten und die Ränder glatt ziehen. Die Höhe eures Gefäßes variiert ihr einfach durch den Abschnitt.

4. Mit Zinnien bepflanzen

Nun befüllt ihr die Paks unten mit ein paar kleinen Steinchen und etwas Sand (als Drainage!) und den Rest mit torffreier Blumenerde. Unten im Pak ein kleines Abzugsloch fürs Gießwasser nicht vergessen. Abschließend Samen in die Erde drücken oder Jungpflanzen einsetzen und angießen. Ihr könnt den Tetrapak auch als kleinen, bunten Übertopf verwenden.

Nachhaltig aussäen

Die Anzucht und Vermehrung von Pflanzen nachhaltig(er) zu gestalten, ist gar nicht so schwer. Wir können das relativ einfach müllsparend, nachhaltig und umweltfreundlich umsetzen. Wie das geht, zeig ich euch auf den nächsten Seiten!

Im Frühling juckt mein Gartenfinger sehr. Geht euch das auch so? Ich möchte raus, ich möchte in der Erde wühlen und mit dem Säen und Pflanzen beginnen.

PFLANZENTAUSCH – DER NACHHALTIGE WEG FÜR NEUE PFLANZEN

Ich liebe Secondhand-Produkte! Ob Möbel, Kleidung oder sogar Pflanzen. Secondhand ist großartig! Und meine liebsten Menschen und ich, wir tauschen mittlerweile auch Pflanzen untereinander. Denn ich ziehe im Frühjahr meist viel zu viele Tomaten vor, alle bei mir einzupflanzen, wäre wahrlich etwas zu viel und so gebe ich gern welche ab und bekomme im Tausch dafür gern mal den Ableger einer Zimmerpflanze, Saatgut einer Blume oder ein paar kleine Salatpflanzen. Wir erschaffen einen kleinen Kreislauf und machen unsere Gärten, Balkone und Terrassen so ein wenig bunter und vielfältiger. Wie wäre es denn, wenn ihr auch mal eine kleine Pflanzentauschparty veranstaltet?

UPCYCELN FÜR DIE AUSSAAT

Ende Februar beginnt bei mir auch die ewige Suche nach Anzuchttöpfen. Denn oftmals sieht es doch so aus: Die, die immer genutzt wurden, sind irgendwann mal hinüber, verschenkt, verschwunden. Aber mit praktischem Upcycling könnt ihr schnell neue Anzuchttöpfe machen. Das kostet kaum Geld und gibt dem Müll noch ein zweites Leben. Alles, was ihr braucht, sind entweder alte Klopapierrollen, Zeitungspapier und/oder Eierkartons. Die selbst gemachten Töpfchen könnt ihr bei eurer Pflanzentauschparty inklusive Pflänzchen gleich mitverschenken – kommt super an!

Möglichkeit Nr. 1: Eierkartons

Sammelt über das Jahr Eierkartons, und wenn ihr viele Anzuchttöpfe braucht, sammelt viele Eierkartons. Die einzelnen Mulden des Kartons bringen die perfekte Größe für kleine Pflänzchen mit sich und sie lassen sich – sobald die Pflanzen größer werden – ganz einfach mit umpflanzen. Das schont auch die Wurzeln der Jungpflanzen!

1

1. Pflanzen selbst aussäen und aufziehen ist gar nicht so schwer wie ihr denkt. Traut euch!

2. Meist daheim: Alles was ihr für kleine Anzuchttöpfchen braucht.

2

Möglichkeit Nr. 2: altes Zeitungspapier

Einen kleinen Anzuchttopf aus altem Zeitungspapier könnt ihr superschnell aus einem kleinen, dünnen Glas (zum Beispiel einem leeren Gewürzglas) entstehen lassen. Dazu faltet ihr eine Seite der Zeitung einmal so ein, dass ein langer waagerechter Papierstreifen entsteht. Diesen wickelt ihr um euer Glas (welches ihr mit der offenen Seite nach oben platziert). Das überstehende Zeitungspapier knickt ihr nun in die Öffnung eures Glases. Zieht das Glas unten wieder heraus und schon habt ihr einen kleinen Topf aus Papier. Fix geht diese Methode auch mit einem Holzstampfer für Anzuchttöpfe. Den könnt ihr beispielsweise beim Onlineshop von Dille & Kamille finden. Das Zeitungspapier in der passenden Größe um den Stampfer wickeln, die untere Seite nach innen klappen, ab in den Stampfer und fertig.

Möglichkeit Nr. 3: Klopapierrollen

Auch hier gilt: Sammelt übers Jahr, damit ihr genügend Rollen zur Verfügung habt. Diese könnt ihr an einer Seite als Boden einklappen und habt superschnell ein kleines Anzuchttöpfchen parat. Auch diese Variante lässt sich später einfach mit einpflanzen.

Aussäen leicht gemacht

Wärmeliebende Pflanzen werden im Haus vorgezogen.

SAMENFESTES SAATGUT VERWENDEN

Bitte benutzt bei der Anzucht eurer Pflanzen, so oft es nur geht, samenfestes Saatgut! Saatgut ist dann samenfest, wenn wir von der entstandenen Pflanze Samen ernten können und daraus eine gleiche Pflanze (in ähnlicher Gestalt und Eigenschaft wie die Elternpflanze) wächst.
Bei nicht samenfesten Sorten handelt es sich um sogenanntes Hybrid-Saatgut, aus dem leistungsstarke Pflanzen heranwachsen. Das Saatgut muss bei den Herstellern jedes Jahr neu gekauft werden, weil aus selbst geerntetem Saatgut in der nächsten Saison Pflanzen heranwachsen würden, die nicht mehr die gewünschten Eigenschaften der Elternpflanzen haben und somit wertlos für den Wiederanbau sind.
Passend zum Saatgut liefern die Konzerne die neusten Pflanzenschutzmittel und es beginnt ein Kreislauf aus Monokultur und Kapitalismus. Leider auch in der Bio-Branche, denn Bio bedeutet nicht gleich samenfest. Da müsst ihr genau hinsehen und Samenpackungen mit F1-Hybridsaatgut stehen lassen.

Warum Pflanzenvielfalt wichtig ist

Pflanzenvielfalt ist wichtig für unsere Umwelt und für uns! Mit Einheitsbrei schaffen wir eine gefährliche Monokultur, die vor allem mit sich bringt, dass massiv viele Gifte auf die Äcker gesprüht werden, die wiederum die Böden zerstören und Insekten sterben lassen.
Zur Arten- und Pflanzenvielfalt könnt ihr auch in euren eigenen Gärten und auf euren Balkonen beitragen, indem ihr ausschließlich ökologisches und samenfestes Saatgut verwendet. Euren Garten oder Balkon wild und bunt gestaltet, Insekten durch heimische Kräuter, Gräser und Blüten Nahrung gebt und die Natur dann auch einfach mal machen lasst. Erfreut euch im Sommer an der Vielfalt, dem Sum-

men und Brummen in eurem Garten und vor allem an Pflanzen, deren Saatgut ihr auch im nächsten Jahr noch wunderbar verwenden könnt. Stellt euch vor, wie wild und bunt unsere Welt sein könnte! Dafür lohnt sich alles!

WANN WIRD WAS AUSGESÄT?

Nicht jedes Gemüse, jede Blume oder jede Frucht hat die gleiche Zeit, um ausgesät zu werden. Deswegen nutzt doch gern meine kleine Übersicht für die gängigsten Pflanzen und seid so gut auf die nächste Saison vorbereitet.

Ab Februar

Direktsaat im Freiland oder auf dem Balkon: Spinat, Bärlauch, Dill, Kerbel, Schnittlauch, Feldsalat. Voranzucht im Haus: Blumenkohl, Brokkoli, Paprika, Buschbohne, Lauch, Knollensellerie, Rotkohl, Spitzkohl, Lavendel, Oregano, Aubergine.

Ab März

Direktsaat im Freiland oder auf dem Balkon: Frühlingszwiebeln, Pastinake, Zwiebeln (oder Steckzwiebeln), Bohnenkraut, Liebstöckel, Asiasalat, Pflücksalat, Romanasalat, Möhre, Radieschen, Dicke Bohnen, Erbse. Voranzucht im Haus: Aubergine, Kohl (Rot- und Weißkohl, Wirsing etc.), Estragon, Chili, Tomate, Zuckermais, Basilikum.

Ab April

Direktsaat im Freiland oder auf dem Balkon: Buschbohne, Stangenbohne, Kartoffel (Saat-Kartoffeln), Mairübe, Rote Bete, Kapuzinerkresse, Kornblume, Ringelblume, Studentenblume. Voranzucht im Haus: Gurke, Kürbis, Zucchini, Melone.

Ab Mai

Direktsaat im Freiland oder auf dem Balkon: Nach den Eisheiligen könnt ihr alles direkt im Freiland pflanzen.

Nach den Eisheiligen dürfen alle Jungpflanzen ins Beet.

SAATGUTBLÄTTER AUS ALTPAPIER

Alte Zeitungen, Versand- oder Eierkartons finden immer ihren Weg in unser Leben und schlussendlich den finalen Weg in unsere Mülleimer. Gerade Papier und Pappe, welche sehr kurzlebige Produkte sind und wertvolle Ressourcen wie Wasser, Holz und eine Menge Energieaufwand mit sich bringen, sollten wir aber so nachhaltig und kreislauffähig wie möglich nutzen.
Ich stelle aus Altpapier gern wunderbar praktische Saatgutblätter oder Streifen her, die ich ganzjährig (mit saisonalem Saatgut) verschenken kann. Ob Bienenwiese, Kräutergarten oder Salat, ihr könnt hier kreativ werden und eure liebsten Saaten praktisch auf Papier bringen und habt so wirklich ganzjährig ein wunderbares Geschenk parat.

IHR BRAUCHT

– alte Eierkartons oder andere Pappreste (immer auf unbeschichtetes Papier zurückgreifen!)
– Saatgut

So geht's

Das Altpapier in eine große Schüssel geben und mit kochendem Wasser übergießen, bis alles gut bedeckt ist. Mindestens zwei Stunden stehen lassen.
Die Masse dann in einen Mixer geben oder mit dem Pürierstab zerkleinern. Ordentlich mixen, bis sich das Altpapier gut mit dem Wasser vermengt hat.
Die Masse durch ein Sieb in eine große Schüssel streichen – das aufgefangene Wasser könnt ihr dann gleich zum Gießen eurer Pflanzen nutzen.
Es gibt nun zwei verschiedene Varianten, um die Saatgutblätter zu gestalten:

2

3

1. Bienenfutter zum Verschenken. Super einfach selbst gemacht.

2. Ob im Topf oder im Beet, die Saatgutblätter sind vielseitig einsetzbar.

3. Immer gut mit etwas Erde abdecken, damit alles gut sprießt.

Variante 1: Legt ein Backblech mit Backpapier aus und streut darauf das Saatgut, welches ihr verwenden wollt. Gebt nun vorsichtig die Papiermasse darüber, rollt alles gut aus und lasst es so an einem warmen und luftigen Ort ein bis zwei Tage trocknen. Später könnt ihr ganz einfach eure gewünschte Form ausschneiden oder das Saatgutpapier in Streifen schneiden.

Variante 2: Ihr nehmt jeweils ein wenig der Papiermasse in die Hand, formt daraus eure gewünschte Form, gebt das Saatgut darauf und drückt es ein wenig fest. Lasst die Formen ein bis zwei Tage an einem warmen und luftigen Ort gut durchtrocknen und schon sind eure Saatgutüberraschungen bereit zum Verschenken. Ist doch super einfach, oder?

SO KÖNNT IHR IM ALLTAG PAPIER UND PAPPE SPAREN

– unerwünschte oder nicht genutzte Werbung und Kataloge abbestellen
– Papier immer beidseitig bedrucken
– bei Bestellungen nach digitalen Rechnungen & Lieferscheinen fragen
– einen „Keine Werbung" Aufkleber an den Briefkasten kleben
– wann immer es möglich ist, auf Recyclingpapier zurückgreifen
– Kartons mehrmals benutzen und nicht sofort wegwerfen
– Einweggeschirr – auch aus Pappe – meiden und euer eigenes Mehrweggeschirr dabeihaben
– statt buntem Geschenkpapier altes Zeitungspapier verwenden
– Zeitschriften oder Zeitungen gemeinsam abonnieren und so nicht nur Papier, sondern auch Geld sparen

Nützlich und schön für Pflanzen

Holz, Steine und andere Schätze finden sich in vielen Formen und Zuständen in den meisten Gärten. Daraus können tolle und praktische Dinge erschaffen werden. Warum sollten wir also nicht einfach mal nutzen, was eh schon da ist?

MATERIAL FÜR RANKHILFE AUS ALTEM HOLZ

– 5 gleich lange und sehr stabile Äste (Länge nach Bedarf)
– Juteschnur (Länge nach Bedarf)
– kleine Axt oder scharfes Messer

Einige Pflanzen in unseren Gärten sind auf Rankhilfen angewiesen, beispielsweise Gurken, Erbsen, Bohnen, Wicken, Schwarzäugige Susanne, Hopfen. Nun ist nicht in jedem Garten oder an jedem Standort immer eine natürliche Rankhilfe zugegen und wir müssen ein wenig nachhelfen.

WAS MAN AUS HOLZ ALLES MACHEN KANN

Ich nutze dafür am liebsten Dinge, die eh schon in der nahen Umgebung zu finden sind. Alte Äste und Weiden zum Beispiel. In kurzer Zeit könnt ihr daraus wunderbare, sich in den Garten einfügende Rankhilfen herstellen, die kaum bis gar kein Geld kosten und euch sogar Platz im Garten sparen. Denn alles, was in die Höhe wächst, nimmt am Boden kaum Platz ein.

Anleitung für Rankhilfe aus altem Holz

Spitzt vier der fünf Äste an einer Seite mithilfe einer Axt oder einem scharfen Messer ein wenig an. Sie lassen sich so deutlich besser in den Boden bringen. Am gewünschten Standort schlagt ihr dann im Abstand von ca. 40 bis 50 cm jeweils zwei der Äste schräg gegeneinander in den Boden und überkreuzt die oberen Enden an beiden Seiten. Bindet diese Enden gut mit ausreichend Juteschnur zusammen und legt den fünften Ast zur Stabilisierung auf die beiden Astgabeln. Verbindet nun auch diesen Ast mit Juteschnur mit den gekreuzten Ästen.
Für das „Gitter“ nehmt ihr ein ausreichend langes Stück Juteschnur und fangt an die Schnur von Seite zu Seite und von oben nach unten zu spannen. Schnürt sie jeweils am Anfang und am Ende gut fest.
Und schon ist sie fertig, die Rankhilfe.

1

1. Juteband ist ein echtes Allroundtalent und eignet sich super für die Rankhilfen.

2. Wenn alles sicher steht, könnt ihr loslegen.

2

Vielseitig einsetzbar: Weidenruten

IHR BRAUCHT

– mindestens 20 Weidenruten
– Juteschnur
– Wasser zum Angießen

RANKHILFE AUS WEIDE

Zugegeben, Weide ist nicht in jedem Garten zu finden und ihr könnt auch nicht mal eben losgehen und irgendwo am Wegesrand Weidenruten abschneiden. Jedoch könnt ihr in eurer örtlichen Gärtnerei nachfragen oder aber mal bei eurer Gemeinde/Stadt anrufen und euch erkundigen, ob und wann denn wieder Weide geschnitten wird und ihr euch vielleicht etwas davon abholen dürft. Solltet ihr gar nicht fündig werden, kann ich euch den Onlineshop von Manufactum empfehlen. Dort könnt ihr immer im Frühjahr lebende Weidenruten bestellen.
Eure Rankhilfe muss nicht zwingend aus frischen Ruten hergestellt werden, das sieht aber im Sommer ziemlich schön aus und spendet durch die Blätter dann auch noch ein wenig Schatten für eure Pflanzen. Solltet ihr euch für frische – also lebende – Ruten entscheiden, bedenkt bitte, dass ihr diese jederzeit mit ausreichend Wasser versorgen müsst. Wer an keinerlei Weidenruten kommt, kann vielleicht auf die langen Ruten von Wildrosen zurückgreifen, sie fallen beim Rückschnitt im zeitigen Frühjahr an – aber nicht vergessen, die Stacheln vorher zu entfernen!

So geht's

Die Rankhilfe aus Weiden wird später im Beet an dem für die Pflanzen optimalen Standort aufgebaut. Bereitet das Stecken der Ruten mithilfe eines langen und stabilen Stabes vor, in dem ihr mindestens 20 Löcher mit je ca. 10 bis 15 cm Abstand kreisrund vorstecht. Das erleichtert die Arbeit enorm und verhindert, dass die Weidenruten beim Stecken beschädigt werden.
Wenn ihr mit lebenden Ruten arbeitet, empfiehlt es sich auch, die vorgearbeiteten Löcher schon einmal gründlich zu gießen, denn gerade am Anfang brauchen die Ruten viel Wasser, um richtig anzuwachsen. Steckt nun nach und nach die Ruten in die Löcher und verbindet die oberen Enden zum Schluss mit der Juteschnur. Schon ist diese einfache, aber sehr schöne und praktische Rankhilfe fertig.

1

2

3

1. Alte Tonscherben eignen sich wunderbar für nachhaltige Pflanzschilder.

2. Mit wisch- und wasserfesten Stiften seid ihr auf der sicheren Seite.

3. Die Äste mit einem Messer anschneiden, damit ihr sie beschriften könnt.

PFLANZENSCHILDER

Wer neu mit dem Gärtnern anfängt oder viele Pflanzen hat, kann schon mal den Überblick verlieren, was ausgesät wurde oder wo was wächst. Wo war die Mandarinenminze oder war es nicht vielleicht doch eher die Grapefruitminze? Ohne Pflanzenschilder zu arbeiten, kann bisweilen etwas frustrierend werden, gerade wer besondere und außergewöhnliche Sorten hat.
Deswegen arbeite ich gerne mit Pflanzenschildern und verschenke sie auch total gerne an Gartenneulinge oder -enthusiastinnen.
Ich stelle die Pflanzenschilder am liebsten selbst aus alten Dingen her, die ich in meinem Garten finde. Alte Äste, Steine, Scherben alter Tontöpfe. Möglichkeiten gibt es ohne Ende und ich bin so flexibel, wie ich es nur sein kann.
Das Material wird vor dem Beschriften etwas gesäubert, damit die Stiftfarbe gut hält. Die Holzästchen ggf. mit einem scharfen Messer anschneiden und glätten, um eine Fläche für die Beschriftung herzustellen. Mehr ist nicht zu tun!

IHR BRAUCHT

– einige alte Äste, Hölzer oder Steine
– scharfes Messer
– wisch- und wasserabweisende Stifte

Mini-Frühlingsgärten

Lasst uns die Welt gemeinsam viel bunter und vielfältiger machen und das grüne Glück überall verteilen! Mit meinen Mini-Garten-Ideen kann das jeder tun und jeden ungenutzten Fleck lebendiger gestalten.

IHR BRAUCHT

- 1 großen Tontopf
- 2 bis 3 kleine Tontöpfe
- verschiedene insektenfreundliche Pflanzen, z. B. Krokusse, Schnittlauch, niedrig wachsende Akelei, Thymian oder Flockenblume
- torffreie Blumenerde

Nicht alle von uns haben das Glück, einen eigenen Garten bewirtschaften zu können. Oftmals gibt es nur einen Balkon oder eine Terrasse und manchmal ist es lediglich die Fensterbank oder ein Platz vor der Haustür, der zur Verfügung steht, um etwas mehr Grün ins Leben zu bringen.

MINI-GARTEN IM TOPF

Die gute Nachricht ist: Mit liebevoll gestalteten Mini-Gärten lassen sich grüne Lichtblicke für den Alltag schaffen. Wenn wir mit etwas Umsicht und Ideen durchs Leben gehen, dann können wir überall Gärten und Lebensräume schaffen und damit die Welt ein klein bisschen besser machen. Dafür braucht es manchmal gar nicht viel und jeder kleine Schritt ist ein weiterer Schritt zu einer grüneren Welt! Lasst euch also nicht aufhalten und verschenkt kleine Mini-Gärten an alle, die das Grün nicht direkt vor der Tür haben.

So geht's

Füllt die Erde bis ca. 10 cm unter den Rand des großen Topfes auf und drückt sie leicht an. Platziert die kleineren Töpfe etwas versetzt in dem großen Topf und befüllt diese bis ca. zur Hälfte mit der Erde. Verteilt nun die insektenfreundlichen Pflanzen und setzt sie an den gewünschten Plätzen ein. Füllt die Töpfe mit etwas Erde auf und gießt den Mini-Garten gründlich an.
Statt kleiner Tontöpfe könnt ihr die verschiedenen Bereiche auch mit alten Tonscherben ein wenig abgrenzen und so optisch Tiefe im Mini-Garten erzeugen.
Schön sieht so ein kleiner Garten auch aus, wenn ihr ihn für ein Sommergeschenk mit Hauswurzen (*Sempervivum*) und Mauerpfeffer (*Sedum*) bepflanzt – es gibt viele hübsche Sorten, die total unkompliziert und insektenfreundlich sind. Lasst die Kreativität fließen.

1

2

1. Ein Topf für alle Fälle. Schnell bepflanzt und bereit zum Verschenken: Der Mini-Frühlingsgarten.

2. Für den Mini-Garten könnt ihr mit verschiedenen Topfarten und Größen arbeiten. Sie sollten nur auf jeden Fall wasserdurchlässig sein.

DIY: Mini-Garten im Korb

Vielleicht gibt es in eurem Haushalt ja ein paar alte Körbe, die nicht mehr genutzt werden, oder ihr schaut euch mal auf einem Flohmarkt um. Diese alten Körbe, auch wenn sie vielleicht ein paar Macken haben, eignen sich ganz wunderbar für einen kleinen Kräutergarten.

Kräuter-garten to go

Kräutergarten von Tatjana Franz

Ein kleiner Kräutergarten im Korb ist ein wunderbares Geschenk für alle Fans der frischen Küche. Aber auch eine tolle Möglichkeit, den Insekten ein wenig Futter mit auf den Weg zu geben. Denn wenn die Kräuter blühen, dann herrscht ein wildes Treiben am Korb. Meine Freundin Tatjana Franz, die den wunderschönen Onlineshop *daheeme.com* betreibt, hat für euch einen wunderbaren Korb gefüllt.

Ihr braucht:

- 1 alten Korb
- insektenfreundliche Kräuter, z. B. Rosmarin, Schnittlauch, Dill, Koriander
- nährstoffarme, torffreie Kräutererde, Sand, kleine Steine
- kleine Schaufel
- ggf. Vlies

1. Korb mit Erde füllen

Füllt die Erde bis ca. ein Viertel unter dem Rand auf und verteilt sie gut. Wenn ihr mögt, könnt ihr den Korb vorab natürlich etwas vor der Witterung bzw. späterer nasser Erde schützen und ein wenig Vlies auslegen. Als unterste Schicht im Topf empfiehlt sich für Kräuter auch eine Drainage aus kleinen Steinchen oder Tonscherben und Sand.

2. Pflanzen verteilen

Verteilt nun grob eure Pflanzen und schaut, wie und wo sie gut stehen könnten. Bedenkt bitte immer, dass die Pflanzen noch wachsen werden und später vielleicht nicht mehr genug Platz im Korb sein wird. Pflanzt also lieber etwas weniger und dafür mit etwas mehr Abstand.

3. Einpflanzen

Setzt eure Pflanzen nun final ein und drückt sie gut, aber vorsichtig an. Verteilt noch etwas Erde, damit alle Pflanzen auch wirklich bedeckt sind und richtig anwachsen können. Gießt euren Korb nun gründlich und ausgiebig an und bereitet ihn fürs Verschenken vor.

4. Persönlicher Gruß

Wenn ihr den Korb verschenkt, schreibt doch einen kleinen Brief, in dem ihr der beschenkten Person erklärt, was sich im Korb befindet.
Also wann die jeweiligen Pflanzen blühen, was damit gemacht werden kann und welche Insekten diese besonders lieben. So gebt ihr dem schönen Korb noch mal einen ganz persönlichen Gruß mit auf den Weg.

Wohltuendes für Hände & Füße

Wenn ich im Garten bin, dann sind meine Hände und Füße immer dreckig. Und wisst ihr was? Ich liebe es! Dennoch: Eine gute Pflege schadet nie und die könnt ihr selber machen.

Die Waschpaste eignet sich auch ganz wunderbar für dreckige Sommerfüße, die den ganzen Tag barfuß durch die Welt marschierten. Sie säubert und pflegt zugleich.

Die Arbeit im Garten ist eine wunderbare Arbeit für die Seele! Ich könnte, wenn ich denn in meinem Alltag die Zeit dazu hätte, täglich Stunden in meinem Garten verbringen. Hier und da etwas zupfen, dort was schneiden, hier ein wenig den Klängen der Natur lauschen und an einem freien Platz etwas pflanzen. Natürlich bringt ein Garten, machen wir uns nichts vor, viel Arbeit mit sich, aber er bietet eben auch jeden Tag aufs Neue die Möglichkeit, ein klein bisschen glücklicher zu sein. Und er bietet immer wieder das Gefühl: „Hier kann ich persönlich etwas Gutes tun und die Welt ein wenig verbessern." Denn wie wir unsere Gärten bewirtschaften, oder eben auch nicht, wie naturnah wir sie gestalten und wie viel Lebensraum wir Wildtieren bieten, das macht etwas aus!

Ehrlicherweise hätte ich früher nicht gedacht, dass mir (m)ein Garten mal so viel geben würde, aber doch, es kam, wie es kommen musste, und ich wurde ein Mensch mit viel Liebe zum Garten. Und ich wurde ein Mensch mit Liebe für all die Gartenarbeit. Diese fällt mir irgendwie sogar oftmals leichter als alles andere. Vielleicht auch deshalb, weil mich dieses Gefühl begleitet, dass mein Garten ein winziger Teil der Lösung sein kann. Ich arbeite hier immerhin auf rund 1.200 qm reiner Garten- und Nutzfläche, und naturnahes Gärtnern liegt mir sehr am Herzen. Ich möchte, dass dieser Garten lebt, dass er vielleicht sogar irgendwann ein wenig autark daherkommt und dass er so viel Lebensraum bietet, wie nur möglich ist. Ein Garten für alle Lebewesen quasi.

WASCHPASTE

An manchen Tagen bekomme ich den Dreck des Gartentages kaum von Händen und Füßen, da braucht es eine gute, gründliche und pflegende Waschpaste. Leider befinden sich in den gekauften Waschpasten oft Dinge, die mein Verständnis von Nachhaltigkeit nicht so ganz treffen. Ob bedenkliche Inhaltsstoffe oder sogar Mikroplastik – es ist einfach häufig viel zu viel Zeug darin.
Und da das Herstellen einer guten Handwaschpaste nun wahrlich keine Kunst ist, mach ich mir seit geraumer Zeit diese Paste einfach selbst. Mit voller Kontrolle über den Inhalt. Sogar den Duft kann ich selbst bestimmen. Zudem geht die Herstellung sehr schnell und kommt ohne völlig verrückte Zutaten aus.

Verzichtet auf Palmöl!

Für die Paste verwende ich Seife. Bitte achtet darauf, dass ihr eine Seife wählt, die kein Palmöl enthält! Palmöl ist per se kein schlechtes Öl, aber der Anbau in den Regenwaldgebieten ist alles andere als nachhaltig und umweltverträglich, er ist eher tödlich für den Regenwald und seine Bewohnenden! Auch Bio-

TIPP

Auch wenn es in diesem Buch vornehmlich um Geschenke geht, vergesst nicht, euch eine gute Portion von diesen tollen Dingen für euch selbst abzufüllen.

Für saubere Hände nehmt ruhig eine gute Portion der Paste.

IHR BRAUCHT FÜR 1 KLEINES GLAS WASCHPASTE

- 50 g pflanzliche und neutrale Seife
- 50 g Kokosöl
- 20 g Mandelöl
- 2 El feinen Sand
- 1 El Natron
- optional: 10 Tropfen ätherisches Öl
- verschließbares Glas

Palmöl ist nicht die Lösung, denn dort gibt es u. a. Schwächen bei der Zertifizierung. Das Hauptproblem beim Thema Palmöl ist, dass es viel zu viel verwendet wird und dadurch die Nachfrage so stark ist. Selbst der Bio-Anbau kommt dann nicht mehr drum rum noch mehr Flächen für den Anbau der Ölpalmen zu nutzen und das zerstört nach und nach noch mehr Regenwälder. Deswegen verzichtet lieber gänzlich darauf!

Anleitung für die Herstellung

Raspelt die Seife mit einer feinen Reibe schön klein und gebt sie in einen kleinen Topf oder eine kleine Schüssel.
In einem weiteren Topf erhitzt ihr etwas Wasser und stellt die Schüssel mit der Seife darüber. Das Wasser muss nicht kochen! Gebt nun das Kokos- und Mandelöl hinzu. Vermengt alles gut, bis die Seife sich aufgelöst hat, und stellt die Schüssel/den Topf zum Abkühlen zur Seite. Gebt später das Natron und den Sand hinzu und vermischt alles gründlich. Wer mag, fügt noch ein paar Tropfen ätherisches Öl hinzu. Füllt die fertige Paste in ein verschließbares Glas. Die Paste hält allerdings nicht ewig, da sie keine Konservierungsstoffe beinhaltet. Aber wessen Händen und Füßen es nach einem Tag im Garten ähnlich geht wie meinen, bei dem hält sie sowieso nicht lange und ihr müsst schon bald eine neue Paste machen und verschenken.

1

1. Gebt die gesäuberten Gänseblümchen in ein Glas und füllt dieses mit einem pflanzlichen Öl auf.
2. Die Gänseblümchen müssen im Öl einen Tag ziehen.

2

IHR BRAUCHT

– 1 Glas (ca. 200 ml) frische Gänseblümchenblüten
– 150 ml pflanzliches Öl
– verschließbares Glas

GÄNSEBLÜMCHEN-ÖL

Wusstet ihr, dass Gänseblümchen Heilkräfte haben? Diese schönen kleinen Blumen bringen viele Vitamine, Gerb-, Bitter- und Schleimstoffe sowie Mineralien mit sich und können so ganz wunderbar bei kleinen Verletzungen der Haut oder sogar Ausschlägen hilfreich sein. Deswegen darf ein Gänseblümchen-Öl in keinem Gartenhaushalt fehlen. Weh tun wir uns schließlich alle mal.

So geht's

Bevor ihr die Gänseblümchen ins Glas gebt, lasst doch kleinen Insekten noch einen Moment Zeit, um zu fliehen. Legt die Blüten auf ein Tuch und wartet ein wenig ab, bis alle herausgekrabbelt sind.
Gebt die Blüten dann in euer Glas und schüttet mit dem Öl auf.
Stellt das Glas in ein Wasserbad und erhitzt das Wasser auf höchstens 40 °C, damit die wertvollen Inhaltsstoffe erhalten bleiben. Lasst euer Öl bei 40 °C ca. zwei Stunden ziehen.
Das Öl muss nun einen weiteren Tag an einem zimmerwarmen Ort ziehen.
Dann kannst du die Blüten durch ein feines Sieb absieben und das fertige Öl in ein verschließbares Glas füllen.

UNKRAUT RECYCELN UND GIERSCH AUFESSEN

Zugegeben, es gibt schöneres Kraut im Garten als den Giersch, aber so schlecht wie sein Ruf ist er überhaupt nicht! Giersch ist ein schmackhaftes Gemüse, welches ihr unbedingt mal im Salat probieren solltet. Sein Vitamin-C-Gehalt soll höher als der einer Zitrone sein und gemeinsam mit anderen Wildkräutern des Frühjahrs (zum Beispiel Knoblauchsrauke oder auch Bärlauch) könnt ihr ein fantastisches Pesto daraus zaubern.

Im rohen Zustand erinnert der Geschmack des Gierschs an frische Petersilie, gekocht kommt er Spinat sehr nahe und schmeckt wirklich köstlich. Achtet jedoch immer darauf, dass ihr die jungen Blätter der Pflanze pflückt, ältere Blätter können bitterer und fester daherkommen und schmecken nicht mehr ganz so verlockend.
Auf jeden Fall solltet ihr dem Giersch mal eine Chance geben und ihn nicht gänzlich aus eurem Garten entfernen. Immerhin haben zur Blütezeit auch zahlreiche Insekten etwas von ihm!

Zuviel Giersch im Garten? Dann esst ihn doch einfach auf!

SOMMER

Getrockneter Blütenzauber

Den Sommer konservieren, ihn einfangen und im Winter wieder herausholen, das wäre doch was, oder?! Mit dem Trocknen von Blüten und Gräsern könnt ihr euch ein wenig Blütenpracht ins Haus holen, wann immer ihr wollt!

Ich liebe frische Blumen, aber aus nachhaltiger und ökologischer Sicht sind diese frischen Schnittblumen oftmals nicht zu vertreten. Sprecht doch mal mit dem Floristen eurer Wahl und findet heraus, woher die Blumen eigentlich stammen, die vor Ort verkauft werden. Mittlerweile gibt es auch Bio-Schnittblumen und ebenso die Slow-Flower-Bewegung ist sehr groß geworden. Diese setzt sich vor allem für die Transparenz im nachhaltigen Schnittblumenanbau ein und hat hohe Richtlinien. Denn der Anbau nach dem Slow-Flower-Prinzip bedeutet vor allem: hohe Qualität aus der jeweiligen Region und alles frei von Gift und Pestiziden. Um auf Nummer sicher zu gehen, solltet ihr euch im Sommer unbedingt mal mit den Blumen und Gräsern eures Gartens oder dem Garten einer lieben Person eures Umfelds beschäftigen. Dort finden sich sicher viele Schätze, die sich super zum Trocknen und Konservieren eignen und euren Lieben für lange Zeit Freude bereiten werden.

WELCHE PFLANZEN EIGNEN SICH ZUM TROCKNEN?

Nicht jede Pflanze ist wirklich gut zum Trocknen geeignet. Grundsätzlich lebe ich aber ganz klar nach dem Motto: Einfach mal ausprobieren und schauen, was passiert. Als kleine Orientierung könnt ihr euch jedoch merken, dass die Blumen, die schon im Beet oder später in der Vase viel Wasser benötigen eher nicht zum Trocknen geeignet sind.
Ich trockne besonders gern Lavendel, wilde Gräser, Disteln, Strohblumen, Schafgarbe, Margeriten, Rainfarn und Hortensien. Mit denen lassen sich so viele wunderschöne Dinge zaubern, über die ich euch in diesem Kapitel berichten werde.

Richtig trocknen – so geht's

Um Blumen, Gräser und Getreide im Ganzen zu trocknen, benötigt ihr neben den gewünschten Pflanzen ein wenig Juteband sowie einen

Immer eine gute Investition: Eine Blumenpresse für bunte Blütenkunst.

trockenen und luftigen Ort, damit alles gut durchtrocknen kann.
Bindet dazu die Stängel einer Pflanzenart jeweils mit etwas Juteschnur zu einem kleinen Strauß zusammen. Da die Stängel meist beim Trocknen etwas schrumpfen, kann es sein, dass ihr die Schnur im Laufe des Trocknungsprozesses etwas enger ziehen müsst.
Hängt eure Sträuße kopfüber an einem warmen, luftigen und trocknen Ort auf. Der komplette Trocknungsprozess kann sich – je nach Umfeld – etwa zwei bis vier Wochen hinziehen. Einige Pflanzen sind schon nach ein paar Tagen trocken, verlasst euch ein wenig auf eure Sinne und schaut einfach alle paar Tage mal nach.

BLÜTEN PRESSEN

Ich arbeite zwar am liebsten mit meiner Blütenpresse von den Stadtgärtnern aus Lübeck (die einen wunderbaren Onlineshop haben, den ihr euch unbedingt anschauen solltet!), aber grundsätzlich reichen auch zwei dicke Bücher und ein wenig Zeitungspapier oder Pappe, um ans Ziel zu kommen.
Doch egal, ob ihr mit einer Presse oder zwei schweren Büchern arbeitet, im ersten Schritt sucht ihr euch eure gewünschten Blüten oder Gräser zusammen und legt sie auf einem passenden Stück Zeitungspapier oder Pappe aus. Bitte beachtet, dass ihr all eure Schätze nicht zu eng legt, damit alle ausreichend Platz finden.
Gebt nun ein weiteres Stück Zeitungspapier oder Pappe über die Blüten. Und wenn ihr nicht mit einer Presse arbeitet, dann legt das Papier mit den Blüten und Gräsern nun auf ein schweres Buch und gebt ein weiteres obenauf.
Stellt die Presse oder eure DIY-Presse dann an einen warmen und trocknen Ort und lasst eure Blüten und Gräser rund ein bis zwei Wochen trocknen. Sollten sie nach dieser Zeit noch nicht hauchdünn und trocken sein, gebt ihnen noch etwas Zeit und Wärme.

2

1

1. Sucht euch passende Kerzen und Blüten und zündet in Vorbereitung ein Teelicht an, damit dessen Wachs in Ruhe schmelzen kann.

2. Gebt einen kleinen Klecks flüssiges Wachs an die ausgewählte Stelle, um eure Blütenauswahl schon ein wenig zu fixieren.

IHR BRAUCHT

– Kerzen nach Wahl – ich habe mich für Kerzen aus Rapswachs entschieden
– diverse getrocknete Blüten und Gräser
– alter Pinsel
– 1 bis 2 Teelichter

BLÜTENKERZEN

Vor vielen Jahren habe ich Kerzen aus Paraffin endgültig den Rücken gekehrt, weil ich keine Kerzen mehr im Haus haben wollte, die auf der Produktion von Erdöl und nicht erneuerbaren sowie fossilen Ressourcen basieren. Vor allem dann nicht, wenn es ganz wunderbare Alternativen gibt. In meinem Fall sind Rapskerzen sehr weit vorne auf meiner Liste der liebsten Kerzen. Damit ihr gar nicht lange suchen müsst, habe ich euch ein paar Alternativen zusammengefasst.

Alternativen für Paraffin

Bienenwachskerzen: Bienenwachs ist ein ganz natürliches und reines, erdölfreies Produkt, welches keine Zusatzstoffe enthält. Es duftet wunderbar und das Licht dieser Kerzen schenkt eine wohlige und gemütliche Raumatmosphäre.
Bienenwachs ist allerdings ein teureres Produkt, eher begrenzt verfügbar und auch keine vegane Alternative. Es wird oft aus dem Ausland bezogen, informiert euch also vor dem Kauf einer Bienenwachskerze, woher das Wachs stammt, damit die Klimabilanz auch stimmt.
Rapskerzen: Sie sind vegan und frei von Erdöl, der verarbeitete Raps stammt in den allermeisten Fällen aus Europa (oft sogar aus Deutschland), sie brennen deutlich langsamer ab als Paraffinkerzen. Nachteilig ist allerdings, dass sie ungleichmäßiger

3. Sobald das Wachs des Teelichts komplett flüssig ist, löscht ihr die Flamme und nehmt mit dem Pinsel etwas Wachs auf. Geht mit dem Wachs und dem Pinsel sehr zügig über eure Blüten, denn je öfter ihr Wachs über die Blüten gebt, umso weniger werdet ihr sie später durchscheinen sehen.

4. Fertig!

3

4

brennen, so dass doch oft Reste übrig bleiben, die sich aber sehr gut zu neuen Kerzen verarbeiten lassen.
Sojakerzen: Sie bringen alle Vorteile der Rapskerze mit sich und brennen fast rußfrei ab. Das verarbeitete Soja kommt in der Regel jedoch aus der ganzen Welt und kann somit auch aus Regenwaldgebieten stammen. Der lange Transportweg sowie die Vermeidung der Produkte aus Regenwaldgebieten müssen vor dem Kauf bedacht werden.
Stearin aus Palmöl: ein qualitativ sehr gutes Wachs, welches fest und sehr rußarm daherkommt.
Palmöl ist aber keine gute, keine nachhaltige und keine ökologische Alternative zu Erdöl. Für die Produktion des Palmöls wird permanent Regenwald zerstört.
Stearin aus tierischen Fetten: Es ist quasi ein Abfallprodukt der Fleischindustrie. Die Kerzen im Handel sind oft mit Rapswachs gemischt und von der reinen Klimabilanz sowie auch von den Brenneigenschaften her sehr gut. Aufgrund der Tatsache, dass das Stearin quasi ein Abfallprodukt ist, müssen keine neuen Ressourcen verschwendet werden, doch kann Mensch – zurecht – den Hintergrund sehr kritisch sehen. Rein faktisch ist es eine der nachhaltigsten Kerzenalternativen, weil eben (bis auf den kleinen Rapsanteil) nichts extra angebaut werden muss.

TIPP

Kerzen braucht ihr oftmals gar nicht neu kaufen, gerade die Bienenwachskerzen bekommt ihr mit Glück auf dem Flohmarkt für sehr kleines Geld!

Die Kunstwerke hinter Glas können immer wieder neu, der Jahreszeit angepasst, gestaltet werden.

IHR BRAUCHT

– 1 Bilderrahmen aus Glas, einen sogenannten „Floating Frame“
– diverse getrocknete Blüten und Gräser

BLÜTEN IM BILDERRAHMEN

Für kleine Kunstwerke im Bilderrahmen könnt ihr euch an der Natur orientieren und sie mit getrockneten Blüten, Gräsern, Getreide oder Blättern erschaffen. Die „Floating Frames“, gefüllt mit getrockneten Pflanzen, lassen euch viel Raum, um kreativ zu arbeiten. Der Umgang mit den Pflanzen ist entspannend und hat mich total an den Miniatur-Zengarten erinnert, der in meiner Jugend am Schreibtisch meiner Mutter stand. Stundenlang habe ich dagesessen und im feinen Sand des kleinen Gartens meine Kreise gezogen. Heute sitze ich mit getrockneten Blüten da und lege ein kleines Kunstwerk. Am Ende ergibt sich bei mir ein intuitives Bild, welches dann oft zur Stimmung meines Tages oder auch zur Jahreszeit passt.
Vielleicht inspiriert euch die Idee mit dem Rahmen, bei eurem nächsten Spaziergang ein paar besondere Wildblumen oder Wildkräuter vom Wegesrand zu pflücken und vielleicht sogar ein paar kleine Herbarien für eure Wände zu erschaffen. Beschriftet dann die Rahmen zusätzlich mit den botanischen Namen und lernt so gleich noch ein wenig mehr über heimische Wildblumen und Kräuter. Oder ihr schneidet Lieblingsblumen eines lieben Menschen und macht daraus ein besonderes Geschenk für die Zimmerwand.
Je länger ich darüber nachdenke, umso schöner ist das Wissen, was wir mit dieser Idee alles erschaffen können. Als Fotografin male ich täglich mit Licht und erschaffe viele persönliche Kunstwerke für meine Kundinnen und Kunden, vielleicht sollte ich diese mal mit so einem blühenden Kunstwerk verbinden und von jedem Shoot ein paar kleine Blumen, ein paar Grashalme oder ein paar Blätter mitnehmen, sie trocknen und dann einen enorm persönlichen Bilderrahmen mit Erinnerungen erschaffen. Vielleicht gefällt euch diese Idee ja auch und ihr bindet sie in euer persönliches Projekt ein, welches ihr dann verschenken könnt.

SOMMERKRANZ

All eure liebevoll im Sommer getrockneten Blütenschätze sind perfekt, um einen wunderbaren Sommerkranz zu binden. Ob für die Haustür oder die Haare ist dabei ganz egal. Hauptsache, der Sommer wird konserviert, und seitdem meine liebe Freundin Daniela von „Die MachBar" sich intensiv mit dem Thema Trockenblumen beschäftigt, bin auch ich echt angesteckt davon. Die gute Daniela war so lieb und hat mir diesen tollen Kranz für das Coverbild meines Buches erstellt und euch möchte ich nun zeigen, wie auch ihr euch und euren Liebsten einen ähnlichen Kranz binden könnt. Solltet ihr einer lieben Person in eurem Umfeld eine sommerliche Freude machen wollen, dann ist solch ein Kranz wirklich perfekt und ihr benötigt nicht viele Utensilien, um ihn zu binden.

So geht's

Wählt für euren Kranz auf jeden Fall ein paar Blumen, die grundsätzlich nicht schnell welken und sich gut trocknen lassen. Dafür eignen sich zum Beispiel Rainfarn, weißes oder rosa Schleierkraut, diverse Gräser und Strohblumen sehr gut, da sie auch getrocknet noch lange schön und bunt daherkommen. Biegt euch einen sehr festen Draht zu einem Ring. Dank des Drahtes und des Bandes kann der Kranz später auch in der Größe ein wenig verändert werden! Bindet an den Enden der Pflanzen jeweils ein schönes Band oder eine Juteschnur fest. Nehmt euch nun eure Trockenblumen zur Hand und bindet daraus ein paar kleine Sträuße. Diese Sträuße bindet ihr dann nach und nach mit etwas Draht um den Kranz. Schaut am Ende nochmal, ob auch keine Stängel überstehen und vielleicht stören, sonst kürzt sie. Fertig ist euer Sommerkranz. Im wunderbaren Event- und Coworking-Space von „Die MachBar" in der Hansestadt Lübeck könnt ihr bei meiner Freundin Daniela übrigens auch ganz wunderbare Workshops zum Thema kreative Arbeit mit Trockenblumen buchen. Schaut also unbedingt mal bei ihr vorbei, wenn ihr vor Ort seid!

IHR BRAUCHT

- getrocknete Blumen wie Schleierkraut, Rainfarn, Strohblumen, Gräser
- Draht
- Juteschnur oder schönes Band

Auf dem Kopf oder an der Tür, ein Kranz darf im Sommer nicht fehlen.

Blüten für die Ewigkeit

Mit dem selbst gemachten Kleber halten die Blüten wirklich gut und vor allem sehr lange.

Die getrocknete Blütenpracht aus dem Sommer eignet sich perfekt für die Windlichter.

IHR BRAUCHT

- getrocknete Blüten
- Gläser eurer Wahl
- etwas Mehl und Wasser
- alten Pinsel
- schönes Glasgefäß

WINDLICHTER

Windlichter sind in meinem Leben nicht wegzudenken, und wenn mir ein Gefäß oder ein Glas so richtig gut gefällt, dann wird es irgendwann ein Windlicht. Ich finde auch die Idee so schön, dass uns diese kleinen Windlichter an besondere Momente oder Phasen unseres Lebens erinnern können. So nutze ich zum Beispiel eine kleine, alte Schüssel, welche ich mir in meiner Jugendzeit gekauft habe, heute nicht mehr zum Essen, sondern als Windlicht. Denn auch wenn ich mich sehr gut von Dingen trennen kann, an manchen Sachen hängt mein Herz und ich bin immer wieder glücklich, wenn ich mir liebe Dinge auf die eine oder andere Art und Weise weiternutzen kann.
Meine liebsten Windlichter sind jedoch ganz einfache und verschiedene Weckgläser! Die sehen immer schön und edel aus und passen überall.
Seit einiger Zeit verschönere ich diese Weckgläser hin und wieder mit getrockneten Blüten und ich verspreche euch, das macht dann wirklich was her und jedes Glas einzigartig! Das Schönste daran: Wer sich sattgesehen hat, kann die Blüten ganz einfach entfernen und das Glas neu bekleben. Der Klebstoff ist nämlich auf Basis von Mehl und Wasser und klebt zwar ganz wunderbar, aber nicht für die Ewigkeit und vor allem ist er ohne schädliche Rückstände oder Inhaltsstoffe.

So geht's

Sucht euch ein Glas eurer Wahl und schaut, welche getrockneten Blüten ihr darauf kleben möchtet. Mischt aus einem Esslöffel Mehl und ein wenig Wasser eine von der Konsistenz her klebstoffähnliche Masse. Mit einem alten Pinsel streicht ihr auf dem Glas jetzt an die Stellen etwas des natürlichen Klebstoffes, auf denen ihr eure Blüten platzieren möchtet. Drückt die Blüten vorsichtig an und schon habt ihr ein sommerliches Windlicht erschaffen, welches sich wunderbar zum Verschenken eignet.

1

1. Statt eines Ausstechers könnt ihr auch ein spitzes Messer verwenden.

2. Nicht vergessen, ein Loch durch den Teig bohren, damit ihr eure Kunstwerke auch als Anhänger verwenden könnt.

3. Trocknen lassen und los gehts!

2

3

TIPP

Wenn ihr Salzteig nicht sofort vollständig verarbeiten könnt, lässt er sich in einem geschlossenen Behälter für einige Tage im Kühlschrank gut lagern, ohne zu sehr auszutrocknen.

Gartenromantik ist die schönste Romantik.

IHR BRAUCHT

– 1 Teil Wasser
– 2 Teile Mehl
– 1 Teil Salz
– diverse Blüten, Gräser und andere schöne Dinge

SALZTEIGANHÄNGER

Ich bin Mitte der 80er-Jahre geboren, habe den Hermann-Teig und das Salzteigfieber einer ganzen Nation miterlebt. Wir hatten zeitweise viel Salzteig im Haus. Besonders an den Wänden, weil man daraus ja sehr dekorativen – ich hüstele an dieser Stelle ein wenig lauter – Wandschmuck gestalten konnte.
In meinem persönlichen Kaufladen, auf den ich sehr stolz war, gab es u. a. frisches Salzteigbrot, diverse Brötchen und andere Köstlichkeiten. Das Gebäck in meinem Kaufladen fand ich ziemlich „knorke" und hab es sehr geliebt! Meine Mama hat sich da auch wirklich viel Mühe gegeben – danke an dieser Stelle, denn auch wenn ich vieles vergessen habe, an diese schönen Dinge erinnere ich mich nur zu gern.
Seit dieser Zeit war Salzteig jedoch aus meinem Leben verschwunden. Aber wie das im Leben nun mal so ist: Vieles wiederholt sich! Und so kam auch ich wieder zum Salzteig. Er ist vielfältig, und seien wir mal ehrlich, es können tolle Dinge aus ihm gemacht werden. Brötchen und Brot für die Kaufläden kleiner Kinder, aber ebenso wunderschöne Anhänger für diverse Geschenke – auch schöne Anhänger für die Weihnachtszeit können aus ihm hergestellt werden.

Anleitung

Vermischt das Salz und das Mehl gut miteinander und gebt dann das Wasser hinzu. Verknetet die Zutaten zu einem glatten Teig und lasst diesen dann bitte nicht zu lange stehen, sondern startet zeitnah mit der Verarbeitung, er trocknet schnell aus. Rollt den Teig aus und schneidet oder stecht eure gewünschten Formen aus. Befeuchtet sie ganz leicht (!) mit etwas Wasser.
Legt nun eure ausgesuchte Deko auf die jeweiligen Formen und drückt sie entweder mit den Fingern vorsichtig an oder legt ein Backpapier über eure Kunstwerke und rollt mit dem Nudelholz drüber.
Mit einem kleinen Ast oder Spieß könnt ihr am oberen Rand ein Loch einstechen, wodurch sich später ein Band durchfädeln lässt.
Nun könnt ihr euch überlegen, ob ihr eure Deko auf den Anhängern eingebunden lasst oder sie vorsichtig abnehmt und die Anhänger ganz pur nur mit dem Muster der Pflanzen vollendet.
Lasst die fertigen Anhänger am besten draußen an der frischen und warmen Luft ein paar Tage trocknen.

Teezeit

Habt ihr einen Kräutergarten, seid ihr immer gut versorgt! Anders könnte ich es nicht sagen, denn Kräuter sind einfach so herrlich vielfältig und so lecker, dass ich mir ein Leben ohne sie gar nicht vorstellen könnte.

Wenn ich als Kind zu Anne, einer Freundin meiner Mama kam, da roch es im ganzen Haus nach Kräutern und frischem Kaffee. Ich erinnere mich daran, dass in der Küche viele wunderbare Dosen mit vielen verschiedenen Kräutern standen. Im Sommer stand immer frische Minze aus dem Garten bereit und im Herbst und Winter war eine frisch gebrühte Tasse Tee, aus eigenen Kräutern hergestellt, nie weit. Anne war es, die schon damals meinen Sinn für die Nachhaltigkeit unglaublich prägte. Über ihrem Bett hing eine Karte mit folgendem Satz: „Erst wenn der letzte Baum gerodet, der letzte Fluss vergiftet, der letzte Fisch gefangen ist, werdet ihr merken, dass man Geld nicht essen kann." (Weissagung der Cree) Und immer wenn ich sie besuchte, dann las ich diese Karte und prägte mir diesen Satz ein.

Bei Anne gab es neben Tee auch immer frisch gemahlenen Kaffee mit frischer Sahne. Auch für mich, obwohl ich erst sieben oder acht war. Ein kleiner Schluck und ordentlich Sahne. Was fühlte ich mich wohl bei ihr. An den Wänden hingen Gemälde von Carl Larsson und überall standen Bücher. Über die Umwelt, die Natur und ökologisches Leben. Und auch das Klima und die Klimakrise waren immer wieder Thema. Schon damals, auch wenn wir das gern verdrängen. Heute bin ich so alt, wie Anne damals war, als ich so oft bei ihr saß und alles aufsaugte, was sie mir erzählte. Wenn ich heute an meinem eigenen Kräutertee schnuppere, dann denke ich immer ein bisschen an sie und diese wunderbare Zeit damals. Vielleicht ist es ein bisschen ihr zu verdanken, dass ich mir eine ganze eigene und spezielle „Hausmischung" angelegt habe. In

Meine persönliche Hausmischung darf in meinem Teeregal nicht fehlen.

dieser verwende ich jedes Jahr aufs Neue die gleichen Kräuter. Obwohl ich Tee wirklich liebe und viele verschiedene Sorten mag, diese Mischung ist einfach die beste. Und das Besondere an ihr ist, dass ich sie im Sommer wie im Winter genieße und ihr nie überdrüssig bin.
Ihr seht, ich teile hier etwas sehr Wertvolles mit euch: Mein Rezept für meinen ganz persönlichen „Franzis Lieblingsmischung"-Tee. Ich hoffe sehr, dass er euch ebenso mundet wie mir!

WELCHE KRÄUTER EIGNEN SICH FÜR TEE?

Die meisten Kräuter, welche sich in eurem Garten befinden, eignen sich ganz wunderbar als Basis für schmackhafte Kräutertees. Besonders beliebt sind dabei natürlich die Pfefferminze, Salbei, Thymian, Zitronenmelisse und Lavendel. Gerade bei der Minze und dem Thymian könnt ihr euch aber auch gern mit den vielfältigen Sorten beschäftigen. So kommen Minzsorten mit dem Geschmack von Schokolade, Grapefruit, Mandarine, Zitrone oder sogar Ananas daher, und ebenso der Thymian steht ihr mit dem Geschmack von Orange und Zitrone in nichts nach. Ihr könnt sie pur verwenden oder in Mischungen. Als füllende und hübsche Zutat eignen sich auch Rosen, Kornblumen oder die Blätter von Himbeeren und Brombeeren.
Für die Teezubereitung können die Kräuter ganz frisch aus dem Garten mit heißem Wasser übergossen werden. Habt ihr jemals frischen Minztee probiert? Himmlisch! Aber natürlich schmeckt er ebenso in getrockneter Form noch super, dann braucht ihr sogar nur die Hälfte an Blättern, um ihn aufzugießen.

Ein wahrer Durstlöscher!

Darf im Sommer nicht fehlen: Ein eiskalter Eistee mit gefrorenen Früchten. Köstlich!

IHR BRAUCHT

- 1 Teil Pfefferminze
- 1 Teil Salbei
- 1 Teil Thymian
- 1/2 Teil Lavendel
- 1/2 Teil Rosenblüten

FRANZIS LIEBLINGSMISCHUNG

Lasst die Kräuter an einem warmen und trocknen Ort so lange trocknen, bis ihr sie ohne Probleme zerbröseln könnt. Entfernt harte Stiele und bewahrt die Kräutermischung in einer Dose oder einem lichtundurchlässigen Gefäß auf.
Ich empfehle euch von Herzen, dass ihr gleich eine große Menge zubereitet, ihr werdet sie brauchen!

EISTEE FÜR HEISSE TAGE

Eine gute Menge von „Franzis Lieblingsmischung“ im Haus zu haben ist ziemlich klug. Allein schon aus dem Grund, weil diese Mischung die Basis für mein allerliebstes Eisteerezept ist. Und davon trinkt ihr im Sommer sicher auch öfter mal einen Schluck, oder? Gerade an sehr heißen Tagen möchte ich dieses Rezept nicht missen und habe immer das Gefühl, dass die Kräuter darin mich tatsächlich ein wenig von innen kühlen. Es kann aber auch sein, dass ich ihn einfach so sehr liebe, dass ich mir das ein wenig einbilde. So oder so, ein Sommer ohne diesen Eistee? Niemals!

Herstellung

Ihr benötigt eine große Kanne gefüllt mit kaltem Kräutertee (am Abend vorher aufgebrüht und über Nacht abgekühlt), 1 EL Süße eurer Wahl (Zucker, Sirup, Agavendicksaft etc.), ein paar gefrorene Früchte und Eiswürfel. Die Eiswürfel könnt ihr übrigens, so rein für die Optik, ruhig mal mit ein paar frischen Blüten einfrieren. Sieht später im Glas wunderschön aus!

MEHRWEG-TEESÄCKCHEN

Wahre Teekennende könnten jetzt vielleicht ein wenig aufschreien und mir – völlig zurecht – mitteilen, dass Tee doch nicht einfach in einem selbst genähten Stoffbeutel in die Tasse kommen kann, wo er doch lieber in einem echten Sieb ziehen sollte! Ja, ich stimme euch zu. Bei schwarzem, grünem oder auch weißem Tee würde ich dieses kleine Beutelchen auch nicht verwenden, aber für einen bunten Kräuter- oder Früchtetee passt das schon ziemlich gut und nimmt dem Geschmack des Tees nichts! Außerdem: lieber ein paar umweltverträgliche Teesäckchen im Haushalt oder für unterwegs als Einwegfilter, oder? Diese kleinen Teesäckchen für alle Fälle könnt ihr aus dünnen (gewaschenen) Stoffresten machen und verbraucht dafür keine neuen Ressourcen! Wunderbar, oder?

So geht's

Das Stoffstück an einer Längsseite säumen. Den Stoff dafür ca. 0,5 cm nach innen klappen und festnähen. Den Stoff einmal in der Mitte, kurze auf kurze Seite, falten.
Die Kordel auch in der Mitte falten und den Knick zwischen die langen, noch offenen Seiten stecken, ca. 2 cm unterhalb der oberen (gesäumten) Kante, damit sie später mit festgenäht wird. Die Kordel muss innen, zwischen den schönen Stoffseiten, liegen.
Alles mit Stecknadeln fixieren.
Dann die offenen Seiten, also unten die kurze Seite und an der Seite die lange Seite (mit der eingelegten Kordel), mit der Nähmaschine zunähen.
Den fertigen Teebeutel wenden, die Ecken schön nach außen drücken und fertig. War gar nicht so schwer, oder?!

IHR BRAUCHT

– 1 Stück dünnen Baumwollstoffrest, 12 x 16 cm; vorher gewaschen
– 1 Stück Kordel, ca. 20 bis 25 cm lang
– Stecknadeln
– Nähgarn
– Nähmaschine

Mit dem Teesäckchen habt ihr immer ein schönes Geschenk parat. Fertigt doch gleich ein paar mehr an.

Wellness für Gartenfans

In unseren Gärten sind wir der Natur so nahe! Daher sollten wir uns bei unserer eigenen Pflege auch viel öfter das Maximale an Natürlichkeit und Nachhaltigkeit gönnen. Warum nicht mal unsere Gartenschätze in selbst gemachte Kosmetik einbringen?

IHR BRAUCHT FÜR 2 KLEINE DOSEN

- 20 Blätter frischen Salbei
- 4 EL Kokosöl/-fett
- 4 EL Natron
- 4 EL Speisestärke
- schöne Dose

Eigene Kosmetik herzustellen, spart nicht nur einiges an Geld und unnötige Zusatzstoffe, es bringt zudem eine Menge Freude mit sich und, das kann nie schaden, ein wenig mehr Verständnis für die Inhaltsstoffe der Kosmetik, die wir täglich verwenden.

DEO SELBER MACHEN

Es macht Spaß verschiedene Rezepte einfach mal auszuprobieren und dann zu schauen, ob es für die eigenen Bedürfnisse passt. Denn das muss es nicht. Es kann passieren, dass ihr mit einem gekauften Deo viel besser zurechtkommt als mit einem selbst gemachten. Das ist absolut okay.
Ich habe selbst sehr lange gebraucht, um für mich das Deo, welches wirklich für mich passt, zu finden, und bin immer wieder bei gekauften und manchmal sogar konventionellen Deos gelandet. Denn unangenehm riechen wollen wir ja alle nicht. Irgendwann fand ich heraus, dass frischer Salbei mein absoluter Gamechanger in Sachen Deo war. Salbei an sich reguliert das Schwitzen von Haus aus schon richtig gut und nachweislich schwitzt die Person weniger, die täglich Salbeitee zu sich nimmt. Und in einer Deocreme funktioniert das genauso – ich habe es selbst ausgiebig getestet! Ein paar meiner lieben Mitmenschen waren ebenso begeistert.
Natürlich könnt ihr Deocreme auch ohne Salbei oder mit einem anderen Kraut, wie zum Beispiel Lavendel oder Thymian, herstellen, probiert es aus. Ihr kennt euch und euren Körper eh am besten und wisst, welcher Duft euch am besten gefällt!
Wichtig für euch zu wissen ist jedoch: Dieses Deo verhindert nicht das Schwitzen, das wäre auch fatal.

Es verhindert aber die unschöne Geruchsbildung, die mit dem Schwitzen einhergeht und hält euch den ganzen Tag frisch. Zudem hält es sich für einige Monate, ihr müsst also keine Sorgen haben, dass es schnell schlecht werden könnte.

So geht's

Den frischen Salbei so lange mörsern, bis eine feine Paste entsteht. Das Kokosöl über einem Wasserbad erhitzen, bis es flüssig ist. Alternativ könnt ihr es an einem heißen Tag auch ein paar Stunden ungekühlt stehen lassen, es wird schmelzen. Vermischt das geschmolzene Kokosöl mit dem Natron und der Speisestärke und hebt dann die Salbeipaste unter.
Gründlich vermengen und in die bereitgestellten Dosen abfüllen.
Ich lagere mein Deo an sehr heißen Tagen im Kühlschrank, ansonsten habe ich es einfach im Bad bei all meinen anderen Sachen stehen.

Ganz natürlich und mit guten Inhaltsstoffen kommt das Salbeideo daher. Perfekt für den Sommer.

Auch im Sommer schön: Ein erfrischendes Bad.

IHR BRAUCHT

– 500 g Meersalz
– 1 handvoll getrocknete Kräuter nach Wahl
– ggf. ätherisches Öl
– verschließbares Glas

BADESALZ

Habt ihr Lust, die wundervollen Gerüche eures Gartens einzufangen und daraus für liebe Mitmenschen ein Entspannungsbad zu kreieren? Mit der Vielfalt der Kräuter könnt ihr auf einfache Weise ein erfrischendes Badesalz zaubern.

So geht's

Für meine diversen Badesalzkreationen verwende ich als Grundlage immer 500 g Meersalz und füge dann mindestens eine Handvoll getrockneter Kräuter nach Wahl hinzu. Diese Mischung gebe ich in den Mixer und pulverisiere das Salz zusammen mit den Kräutern.
Wenn ihr noch ein wenig mehr Duft in eurem Badesalz haben möchtet, fügt ihr am Ende zehn Tropfen eines ätherischen Öles eurer Wahl hinzu. Gebt das fertige Badesalz in ein gut verschließbares Glas. Es hält grundsätzlich ewig, aber irgendwann verfliegen die ätherischen Öle der Kräuter. Deswegen solltet ihr es nicht zu lange aufbewahren, sondern zeitnah nutzen oder verschenken!
Das Badesalz sollte nicht „mal eben so“ in die Badewanne gegeben werden, sonst kommt nach dem Bad noch etwas Putzarbeit auf den Badenden zu. Vorab wird daher ein Sud angesetzt, der später ins Badewasser gegeben wird. Dafür ist ein Teesäckchen hilfreich (siehe Seite 53), in den 1 bis 2 EL der Badesalzmischung gegeben werden. Die Mischung wird mit einem Liter kochendem Wasser aufgegossen und sollte dann 15 bis 30 Minuten ziehen, bevor sie einsatzbereit ist. Bitte dies als kleine Gebrauchsanweisung eurem Geschenk beilegen.

Kräuter, die ich gern verwende und ihre Wirkung

Lavendel – beruhigend und schlaffördernd
Kamille – heilend, entzündungshemmend und beruhigend
Melisse – stimmungsaufhellend, beruhigend
Minze – erfrischend und anregend, kühlend
Thymian – beruhigt die Atemwege, schleimlösend
Ringelblume – entzündungshemmend und hautpflegend
Rosmarin – anregend und belebend

ENERGIE-PEELING

Jeder von uns kennt diese langen Tage, nach denen wir uns eigentlich zu nichts mehr aufraffen können. Es sind genau die Tage, an denen wir natürlich noch mindestens einen späten Termin oder eine Verabredung haben und das Bett oder das Sofa so fern wie nie erscheint. Oder es sind die heißen Tage, wo wir kaum noch wissen, wohin mit uns, und alles einfach nur noch warm und nicht zum Aushalten erscheint.
Das sind Tage, an denen ihr euch ein erfrischendes Energie-Peeling gönnen solltet und am besten auch noch eines eurer Verabredung mitbringt, damit auch die sich einmal ganz grundlegend erfrischen kann. Stellt also am besten gleich die doppelte Portion her! Das Peeling wird euch schnurstracks wieder aufmuntern und durch die Minze eine großzügige Portion Frische und Energie spenden, versprochen!
Das Tolle an diesem Peeling ist: die Minzpflanze. Einfach jeder sollte sie im Garten haben. Sie ist so vielfältig in der Anwendung und total unkompliziert im Anbau. Ihr könnt sie aus Stecklingen oder Wurzelausläufern vermehren oder eine der vielen Sorten als Jungpflanze kaufen. Danach wächst sie fast von allein im Garten und ist sehr ausbreitungsfreudig, weshalb sie unbedingt eine Wurzelsperre braucht – oder einen großen Kübel. Selbst Insekten stehen auf die hübschen Blüten.
Ich nutze das Peeling übrigens am liebsten für die Füße, nach langen und heißen Sommertagen gibt es nichts Besseres, und nach der Anwendung sind eure strapazierten Füße wieder streichelzart und richtig gut erholt!

So geht's

Gebt die Minzblätter in einen Mörser und erstellt eine feine Paste. Diese Paste mischt ihr mit Zucker, flüssigem Kokosöl und den getrockneten Blüten. Fügt nach Bedarf noch einige Tropfen ätherisches Pfefferminzöl hinzu.
Anschließend füllt ihr die Paste in ein sauberes und verschließbares Glas. Das fertige Peeling lagert ihr am besten im Kühlschrank, so habt ihr lange Freude daran. Es hält sich gut sechs Monate, verliert aber nach und nach ätherische Öle und damit auch ein wenig den Duft. Verschenkt also lieber kleinere Mengen und dafür öfter.

IHR BRAUCHT

- 10 große Minzblätter
- 4 EL Zucker
- 3 EL Kokosöl
- 2 EL getrocknete Blüten nach Wahl (z. B. Kamille, Kornblumen, Rosen)
- für mehr Duft und Erfrischung: 5 Tropfen ätherisches Pfefferminzöl
- verschließbares Glas

Mit dem Peeling bekommt ihr einen Energiekick in 5 Minuten.

Wenige, dafür super gute Zutaten und eine Menge Wirkung!

IHR BRAUCHT

– 1 Teil Kakaobutter
– 1 Teil Sheabutter, roh
– 1/2 Teil Bienenwachs (optional)
– 1/2 Teil Mandelöl
– ätherisches Öl nach Wahl (ca. 10 Tropfen), z. B. Rosenöl
– Silikonförmchen
– getrocknete Blüten, z. B. Rosen, Ringelblumen, Lavendel
– Adzukibohnen nach Bedarf

MASSAGEBAR

In sehr stressigen Zeiten halte ich mich gern an ein paar feste Rituale. Ich hole dann zum Beispiel meine Trockenbürste hervor, rubble mich gründlich ab und gönne mir danach eine ganz sanfte Massage mit einem meiner selbst gemachten Massagebars.
Zugegeben, früher habe ich mir die ganz fleißig in schönen Läden gekauft, und ich bin auch der Meinung, dass wir das weiterhin tun sollten, um gerade kleine Manufakturen zu unterstützen, aber hin und wieder können wir diese duftenden Massagebars auch mal selbst herstellen.
Vor allem dann, wenn wir ganz spontan ein Geschenk brauchen und etwas wirklich Schönes und nicht so Alltägliches mitbringen möchten.
Die Zutaten, die ihr zur Herstellung benötigt, sind übersichtlich und wenn ihr sie einmal im Haus habt, habt ihr wirklich lange etwas davon und könnt sie immer wieder und dann vor allem auch vielfältig nutzen. Lasst unbedingt mindestens einen Massagebar für euch übrig, damit auch ihr euch hin und wieder eine kleine Auszeit gönnen könnt. So eine Auszeit sollten wir uns im Alltag sowieso viel öfter einbauen.
Eine Auszeit, um tief durchzuatmen, um uns wieder ein bisschen mehr zu spüren und den Stress des Alltags außen vor zu lassen. Setzt euch dazu an einen ruhigen und gemütlichen Ort und streicht für ein paar Minuten ganz sanft mit eurem Massagebar über eine Körperstelle eurer Wahl. Schließt die Augen, spürt eure Haut, fühlt den sanften Druck und taucht einen Moment ab. Gönnt euch diese Zeit und fügt diese kleine Entspannungsanleitung auch eurem Geschenk hinzu.

Anleitung

Gebt die Kakaobutter, die Sheabutter, das Bienenwachs (optional, es geht auch ohne) und das Mandelöl in einen kleinen Topf oder eine kleine Schüssel und erhitzt die Zutaten über einem Wasserbad, bis sie schmelzen.

Nehmt den Topf zur Seite und gebt nach Belieben ein paar Tropfen ätherisches Öl dazu. Ich persönlich liebe ätherisches Rosenöl, um die Massagebars zu verfeinern.

Legt nun in kleine Silikonförmchen ein paar getrocknete Blüten, beispielsweise Rosenblüten, Ringelblumen oder Lavendelblüten. Wer mag, kann den Massageeffekt der Bars noch verstärken, indem ein paar Adzukibohnen hinzugegeben werden.

Füllt die Förmchen nun mit den flüssigen Fetten und stellt sie für ein paar Stunden an einen kühlen Ort. Wenn es schnell gehen muss, dann auch gern in den Kühlschrank. Dort solltet ihr sie später sowieso lagern, damit sie – gerade im Sommer – nicht zu weich werden.

Lagert und verschenkt sie am besten in einer kleinen Edelstahldose. Gekühlt sind sie ca. ein halbes Jahr haltbar. Doch ich bin sicher, ihr werdet sie so lieben, dass sie eh schon viel früher aufgebraucht sein werden.

Die fertigen Massagebars pflegen eure Haut so wunderbar zart, dass ihr davon gar nicht genug bekommen könnt.

Emaille-Style für den Garten

1

Vielleicht finden sich in den Kellern eurer Verwandten noch alte Emailleschüsseln, Töpfe oder Deckel? Und niemand von euch weiß, was damit anzustellen ist? Wunderbar, ich hab die Lösung für euch und die perfekte Upcycling-Geschenkidee für jeden Anlass!

IHR BRAUCHT
– alte Emaille: Deckel, Töpfe, Pfannen etc.
– Porzellanstifte

Wusstet ihr, dass Emaille aus natürlichen Rohstoffen wie Eisen, Quarz und Ton hergestellt wird? Dadurch, dass Emaille keinerlei künstliche Bestandteile enthält, kann jeder Topf, jede Tasse und alles, was ihr aus Emaille in eurem Haushalt findet, im Altmetall recycelt werden. Produkte aus Emaille sind extrem hitzebeständig (bis 450 °C), schnitt- und kratzfest und sehr leicht zu reinigen. Was ich lange nicht wusste: Töpfe und Pfannen aus Emaille sind induktionsgeeignet. Solltet ihr euch also überlegen, ein paar neue Töpfe und Pfannen in euer Leben zu holen, dann schaut doch mal all die vielfältigen Produkte aus Emaille an. Dürft ihr alte und vielleicht auch beschädigte Emailleprodukte euer Eigen nennen oder im Keller eurer Großeltern alte Schätze finden, dann könnt ihr sie natürlich zum Recyclinghof schaffen. Oder aber ihr hebt sie auf und nutzt sie für ganz individuelle und schöne Geschenke. In meinem Garten befinden sich viele alte Deckel und Töpfe, auf denen – dank meiner lieben Freundin Tina, denn sie hat einfach die schönere Schrift – Sätze wie „all insects are welcome“ oder „Wellnessoase für Bienen“ stehen, damit auch alle wissen, womit sie es in unserem Garten zu tun haben. Denn der hat viele wilde Ecken und ich kann mir gut vorstellen, dass die ein oder andere Person die Hände über dem Kopf zusammenschlägt und am liebsten mit ihrem Rasenmäher und einer Heckenschere bei uns anrücken möchte. Doch wisst ihr was, die Insekten in unserer Umgebung sind glücklich, und das ist die Hauptsache.

1. Haucht den alten Emailleschätzen doch wieder ein neues Leben ein!

2

3

2. Bei der Beschriftung könnt ihr eurer Kreativität freien Lauf lassen.

3. Die perfekte Geschenkidee für alle Personen, die gern im Garten sind.

DIY: Mini-Garten mit Insektentränke

Für mehr Insekten-schutz!

Solch ein Mini-Garten ist das perfekte Geschenk für Menschen, die nur wenig Platz auf dem Balkon oder der Terrasse haben und trotzdem eine kleine Oase erschaffen möchten.

Wir tun was für Insekten

Ganzjährig und besonders im Sommer sollte Wasser für Insekten, kleine Tiere und Vögel im Garten bereitstehen. Wichtig dabei ist, dass sich in diesen Tränken kleine Äste, Moos und/oder Steine befinden, damit sich die Lebewesen jederzeit aus dem Wasser retten können und nicht ertrinken. Die Insektentränke kann wunderbar in einen Mini-Garten als hübsches Geschenk integriert werden. Wie das geht, zeige ich euch in der folgenden Schritt-für-Schritt-Anleitung.

Ihr braucht:

Einen geeigneten Behälter für die Anlage des Mini-Gartens sowie eine kleine, flache Schüssel oder einen Unterteller (für einen Blumentopf) als kleine Wassertränke. Torffreie Blumenerde, insektenfreundliche Pflanzen, wie Kornblumen, Ringelblumen oder Mohn, sowie kleine Äste, Steine und Moos.

1. Befüllen und bepflanzen

Füllt den Behälter mit torffreier Erde und sucht einen guten Platz für die Wasserschale und platziert sie. Pflanzt nun die ausgewählten Blumen oder Kräuter ein und legt hier und da noch etwas Moos zwischen die Pflanzen.

2. Wasser für Insekten

Nehmt ein paar Äste, Steine und Moos aus eurem Garten und legt diese Dinge gut verteilt in die Wasserschale. Gießt den Mini-Garten gründlich an, damit die Pflanzen gut anwachsen können. Sagt den Beschenkten – oder legt eine liebe Karte bei –, dass die kleine Schale noch mit Wasser aufgefüllt und gerade an sehr warmen Tagen regelmäßig nachgefüllt werden muss, damit die Lebewesen nicht auf dem Trockenen sitzen.

HERBST

Saatgut ernten

Saatgut ist ein Geschenk der Natur. Ihr könnt eigenes Saatgut selbst gewinnen und so für einen geschlossenen Kreislauf in eurem Garten sorgen. Was ihr beachten müsst und welche Voraussetzungen es für eine erfolgreiche Saatgut-Ernte gibt, erfahrt ihr u. a. hier.

Ich weiß nicht, wie es euch geht, aber ich bin süchtig nach vielfältigem Saatgut und ehrlicherweise kann ich an all diesen schönen Pflanzen der Zukunft kaum vorbeigehen. Seit vielen Jahren achte ich sehr darauf, dass mein ausgewähltes Saatgut samenfest daherkommt.
Über samenfestes Saatgut und warum mir das wichtig ist, habe ich auf S. 20 bereits ausführlich geschrieben.
Kurzgefasst achte ich auf samenfestes Saatgut, weil ich möchte, dass ich später ohne Bedenken und Einschränkungen Saatgut von meinen Pflanzen abnehmen kann und auch im darauffolgenden Jahr eine gesunde und kräftige Pflanze heranziehen kann. Und ich achte darauf, weil ich eine Hybridzüchtung, die auf maximalen Erfolg und keinerlei Vielfalt getrimmt ist, nicht unterstützen möchte. Ich hoffe sehr, dass ich euch jetzt final vom samenfesten Saatgut überzeugen konnte und ihr in der Zukunft immer öfter darauf zurückgreifen werdet!

VON WELCHEN PFLANZEN KANN ICH SAATGUT GEWINNEN?

Saatgut könnt ihr im Prinzip von fast allen Pflanzen gewinnen, die Blüten oder Früchte ausbilden. Also insbesondere von Gemüse, Blumen, Kräutern und Beerenfrüchten. Bei Laubbäumen ist das theoretisch auch möglich, aber es dauert extrem lange, bis zum Beispiel aus einem Apfelkern ein neuer, großer Apfelbaum wird. Viele Pflanzen werden daher vegetativ zum Beispiel über Stecklinge, Kindel, Ausläufer, Rhizome, Knollen schneller und einfacher vermehrt.
Um von einer gesunden Pflanze Samen ernten zu können, müsst ihr bisweilen etwas Geduld haben, denn es heißt immer: warten, bis die Früchte oder Samenstände voll ausgereift sind. Und etliche Blumen und einige Gemüse bilden diese erst im zweiten oder dritten Jahr aus.
Das heißt aber auch, dass ihr von Frühling bis Herbst fast immer irgendwelche Samen sammeln könnt. Dazu müsst ihr ggf. typische Blatt-

Gesammeltes Saatgut aus meiner Region und direkten Umgebung.

kräuter wie Basilikum blühen lassen oder von Gemüse wie Mangold (der zudem zweijährig ist) einige Exemplare stehen lassen und nicht vorher völlig abernten, damit sie überhaupt bis zur Blüte kommen können.
Erntet an trockenen Tagen immer vollständig ausgereifte Samen von den stärksten und gesündesten Pflanzen (manche Viruskrankheiten oder Falscher Mehltau sind vererblich), so bekommt ihr auch im nächsten Jahr wieder vitale Nachkommen.
Manche Samen brauchen danach eine Wasser- oder Kältebehandlung, um keimhemmende Stoffe abzubauen (zum Beispiel Tomaten, Gurken oder Herbst-Alpenveilchen). Das ist ein natürlicher Schutz, damit die Pflanzen nur unter optimalen Bedingungen in der Natur anfangen, loszulegen.
Nach der Abnahme des Saatguts achtet bitte immer darauf, es trocken und kühl zu lagern, bis es im nächsten Jahr wieder zum Einsatz kommt.

Wie lange kann ich Saatgut lagern?

Saatgut kann unterschiedlich lange verwendet werden. Bei gekauftem steht das natürlich auf dem Samentütchen. Bei selbst geerntetem könnt ihr euch an folgende Werte halten:
Tomaten: sind mit am längsten keimfähig. Das Saatgut könnt ihr in der Regel sechs Jahre und noch länger verwenden.
Mangold, Rote Bete, Spinat: sind ebenfalls sechs Jahre und länger keimfähig.
Kohlarten: lassen sich fünf Jahre und länger aus dem geernteten Saatgut vermehren.
Gurken, Zucchini: mindestens fünf Jahre, meist länger
Erbsen, Bohnen und andere Hülsenfrüchte: mindestens vier Jahre, meist viel länger
Salate: etwa 4 Jahre
Zwiebelgewächse: zwei bis drei Jahre
Möhren: etwa drei Jahre
Pastinaken: Das zweijährige Gemüse hat meist nur eine Keimdauer von einem Jahr.

DIY: Saatgut-Grußkarten

Vielleicht wollt ihr mit eurem Saatgut anderen Gärtnernden eine kleine Freude machen? Mit den selbst gemachten Grußkarten sorgt ihr zudem für eine buntere und insektenfreundlichere Welt!

Bienen-futter to go

Selbst gemacht: Bienenfutter

Über liebe und persönliche Post freuen wir uns doch alle! Über liebe Post mit Aussicht aufs nächste Gartenjahr, den Sommer und viel buntes Treiben im Garten noch viel mehr, oder? Also verschickt jetzt im Herbst ein paar selbst gemachte Saatgut-Grußkarten mit euren selbst geernteten Saatgutschätzen und bereitet eurem Umfeld eine wunderbare Freude!

Ihr braucht:

Einen Bogen wirklich festes Papier oder dünne Pappe, eine Schere, ein Lineal (falls ihr es ganz genau haben wollt), einen Bleistift, ein paar Buntstifte, Saatgut, etwas Speisestärke und kaltes Wasser sowie ein Gefäß zum Anrühren. Welche Größe ihr für eure Karten wählt, ist ganz euch überlassen.

1. Muster vorzeichnen

Bereitet eure Karte vor und entscheidet, ob ihr euer Saatgut ganz wild verteilen mögt oder ob ihr lieber ein Muster oder Bild gestalten möchtet, in welches ihr später das Saatgut aufkleben könnt. Solltet ihr euch für ein Muster oder Bild entscheiden, zeichnet es ruhig einmal mit Bleistift vor, bevor ihr euch an den Feinschliff macht.

2. Bunte Mischung

Wenn ihr euch nicht sicher seid, welches Saatgut sich für solch eine Grußkarte eignet, dann kann ich euch sagen: im Prinzip alles! Ich bestücke die Karten jedoch am liebsten mit insektenfreundlichen Mischungen aus Ringelblumen, Mohn, Borretsch, Disteln und Sonnenblumen.

3. Saatgut fixieren

Mischt euch einen natürlichen Kleber aus 1 TL Speisestärke und 4 TL kaltem Wasser zurecht und beschmiert damit die Fläche, auf denen ihr euer Saatgut befestigen möchtet. Gebt das Saatgut großzügig darüber und drückt es ein wenig an. Das Saatgut kann später ganz einfach vom Papier gelöst und genutzt werden.

Natürliche Kränze

Herbst, oh Herbst, nur du allein! Die so bunte und kräftige Vielfalt der – meiner Meinung nach – schönsten Jahreszeit festzuhalten und für dekorative Zwecke zu nutzen, macht mich jedes Jahr aufs Neue sehr, sehr glücklich und euch hoffentlich auch!

Im Herbst blühe ich kreativ so richtig auf! Ich weiß nicht, ob es die Farben, der Geruch, die frische Kühle oder einfach die Fülle des Herbstes ist, welche mich so inspiriert. Doch genau zu dieser Zeit bin ich voll und ganz in meiner kreativen Höchstform.
Ich genieße die Zeit so sehr, wenn ich in meinem dicken Wollpullover und meinen liebsten Gummistiefeln durch die Welt spazieren kann, mir der kühle Herbstwind um die Nase weht und ich mich nach einem langen Spaziergang auf dem Sofa gemeinsam mit meinem Hund einkuscheln kann, einen Kräutertee genieße und draußen die Blätter von den Bäumen fallen sehe. Und während ich da so sitze, schaue und es genieße, kommen mir immer die besten Ideen. Vollgepackt mit diesen Ideen, sammele ich draußen im Garten die schönsten Dinge und fertige daraus Kränze und sehr individuelle, natürliche und auch ein wenig zurückhaltende Dekoration an. Ich dekoriere ganz ausgewählt mit all dem, was ich draußen im Garten und der Natur finde. Es ist für mich die schönste Zeit, wenn ich die letzten Äpfel unseres großzügigen Apfelbaums im Garten sammeln und die vielfältigen bunten Blätter der umliegenden Bäume pressen und sie im Winter noch für gemütliche Gestecke und Dekorationen verwenden kann. Ich sammle ein wenig Moos im Garten, und während ich im Wald nach Pilzen Ausschau halte, packe ich ein paar Zapfen von Erle oder Lärche ein, denn die kommt oft so schön an einem langen Ast daher. Ich halte die Augen offen und erfreu mich an allem, was die Natur mir anbietet.
Ehrlich gesagt: Ich finde nicht, dass es gekaufte Herbstdekoration (die meist auch aus Plastik daherkommt) braucht. Unsere Natur bietet uns doch wirklich die schönsten Dinge gleich im Garten oder am Wegesrand. Es braucht keine Blätter aus Plastik, wenn sie gerade eh von den

Die Farben des Herbstes lassen mich so richtig kreativ werden.

Bäumen fallen. Es braucht keinen Kürbis aus Plastik, weil ihr in eurem Garten Zierkürbisse selbst anpflanzen und sie dann für schöne Herbstdekorationen nutzen könnt. Ihr müsst keine künstlichen Eicheln kaufen, wenn ihr sie so einfach bei einem Spaziergang durch eure Region sammeln könnt.
Doch bei allem, was ihr euch aus der Natur mitnehmen könnt, bedenkt bitte: Nehmt nur das, was ihr wirklich braucht. Reißt nichts ab oder macht etwas kaputt. Geht achtsam mit der Natur und all ihren Schätzen um! Denn wir haben nur diesen einen Planeten, es gibt keinen zweiten für uns!
Auf den nächsten Seiten zeigen meine liebe Freundin Daniela von „Die MachBar“ (ihr habt sie im Frühlingskapitel schon kennengelernt) und ich euch ein paar unserer liebsten Ideen für natürlich schöne Herbstkränze. Ihr könnt sie wirklich ganz einfach nachmachen und verschenken.

HERBST-BUCKET-LIST

– besucht ein Kürbisfeld
– backt viel, viel Apfelkuchen
– stellt Waschmittel aus Kastanien und Efeu her
– veranstaltet eine Kleidertauschparty
– besucht die regionalen Wochenmärkte
– macht einen Waldspaziergang im Regen
– bucht eine Pilzwanderung
– bindet Kränze
– kocht Marmelade
– springt in Pfützen
– macht Lagerfeuer und Musik
– geht mit Freundinnen und Freunden Müll sammeln

DIY: Kranz mit Herbstfrüchten

Was gibt es Schöneres, als die Fülle und die Farben des Herbstes in einem Kranz zu verewigen? Kränze bringen immer einen Farbtupfer in trübe Herbsttage.

Natürlicher Charme mit Hagebutten und Äpfeln

Die natürlichen Farben des Herbstes mit seinen Früchten von Rose, Apfelbaum und Lärche einfangen war hier der Grundgedanke von Daniela und mir. Der zurückhaltende Kranz passt fast überall hin, ob hängend oder liegend, und kann in der Mitte mit einer schönen Kerze ergänzt werden.

Ihr braucht:

- 1 fertigen Strohkranz
- Moos
- kleine Äpfel
- einige Lärchenzapfen mit Ast
- einige Hagebuttenzweige
- Draht

1. Moos befestigen

Wickelt eine dicke Schicht Moos rund um den Strohkranz und befestigt es mit Draht, indem ihr diesen an einer Stelle eures Kranzes fixiert und verknotet und dann nach und nach rundherum wickelt. Ich nutze am liebsten einen braunen Draht, der fällt kaum auf und passt zu den Farben der Materialien.

2. Zapfen aufwickeln

Nehmt euch den Ast mit den Lärchenzapfen und sucht dafür einen schönen Platz auf eurem Kranz. Mit etwas Draht könnt ihr ihn dann befestigen. Nehmt nun noch etwas Moos dazu und steckt es in etwaige Zwischenräume, damit der Draht versteckt wird und ihr noch etwas mehr Fülle in den Kranz bekommt.

3. Äpfel aufstecken

Nehmt die kleinen Äpfel zur Hand und ein kleines Stück Draht. Biegt den Draht einmal in der Mitte und steckt den geschlossenen Teil des Drahtes vorsichtig in euren Apfel, so dass die offenen Enden unten noch mindestens 3 bis 4 cm herausschauen. Steckt nun den Apfel am Kranz fest.

4. Draht gut verdecken

Steckt ein paar kleine Hagebuttenzweige lose unter vorhandenen Draht und zupft hier und da noch ein wenig am Moos, so dass der Draht weiterhin gut verdeckt bleibt. Fertig!

1

2

1. Weide eignet sich perfekt für schöne Herbstkränze.

2. Wählt die Farben ruhig passend zueinander, der Kranz wirkt dadurch deutlich ruhiger und gemütlicher.

IHR BRAUCHT

- einige Weidenruten
- getrocknete Blüten, hier Hortensien
- 1 Amaranthblüte (alternativ z. B. Hopfen)
- ein paar bunte Herbstblätter
- Draht

HORTENSIEN-KRANZ

Im Frühlingskapitel hab ich euch bereits eine schöne Idee für Weidenruten mit auf den Weg gegeben. Falls ihr im Herbst noch einige Ruten übrig habt oder vielleicht noch ein paar neue Ruten besorgen könnt, dann kommt hier schon die nächste Inspiration für euch. Denn aus diesen Weidenruten könnt ihr ganz fantastische Kränze binden.

So geht's

Wichtig: Legt die Ruten zuvor ca. zwölf Stunden ins Wasser, damit sie schön weich und biegsam werden. Nehmt euch dann eine Rute zur Hand und biegt sie zu einem Kranz. Je nach Größe eures Kranzes könnt ihr mit einer Rute mehrere Runden drehen. Für einen dickeren Kranz verwendet ihr einfach zwei bis drei Ruten gleichzeitig. Wenn ihr fertig seid, nehmt ihr etwas Draht und knotet ihn fest um die Endstelle, damit die Weide sich nicht aufdreht.

Nun könnt ihr nach und nach ein paar Hortensienblüten, die Amaranthblüte sowie die bunten Blätter in den Kranz zwischen die Weide einbinden und (bei Bedarf) mit ein wenig Draht befestigen. Bei dieser Art von Kranz mag ich es sehr, wenn die Weide an einigen Stellen noch als Gestaltungselement zu sehen ist. Natürlich könnt ihr euren Kranz aber auch komplett mit den Blüten und den Blättern bestücken. Schaut doch einfach mal, was euch am besten gefällt, oder bindet gleich verschiedene Kränze zum Verschenken.

1

2

1. Wickelt die Zweige, den Farn und die getrockneten Gräser vorab schon zu einem kleinen Strauß. Dieser lässt sich einfacher an dem Ring befestigen.

2. Ein dunkler Draht fällt kaum auf!

PFAFFENHÜTCHEN-KRANZ MIT GRÄSERN

Ich liebe Schlichtheit, gemischt mit etwas Opulenz. Minimales Design, aber auch kräftige Highlights. Aus diesem Grund liebe ich den hier gezeigten Herbstkranz ganz besonders. Der Metallreifen kommt so schlicht und fast schon einfach daher und setzt mit der bunten Fülle des Herbstes ein aussagekräftiges Statement. Die satte pink-orange Farbe des Pfaffenhütchens ist perfekt dafür geeignet und ein echter Hingucker. Der bei uns sehr häufig vorkommende und heimische Strauch ist übrigens auch eine wichtige Futterquelle. Im Sommer lieben ihn Insekten (Bienen und auch Ameisen) wegen seiner Blüten, während im Herbst die Früchte des Strauches ganz hoch im Kurs bei Vögeln sind. Nehmt seine Äste also mit Bedacht und Rücksicht auf die Natur! Nachdem ihr die Zweige, Gräser und etwas Farn mit Draht an dem Reifen befestigt habt, bindet ihr um die Stängel der Pflanzen noch etwas Juteband drum herum, damit die Enden nicht kreuz und quer abstehen. Fertig!

IHR BRAUCHT

- 1 Metallreifen
- frische Zweige vom Pfaffenhütchen (alternativ z. B. Hagebutte)
- etwas Farn
- getrocknete Gräser
- Draht
- Juteband

3

2

1

1.–3. Babett bei ihrer kreativen Arbeit an einem Herbarium.

IHR BRAUCHT

– 1 Notizbuch mit blanken, festen Seiten
– optional Packpapier für den Umschlag
– verschiedene Stifte nach Bedarf
– getrocknete Blüten aus verschiedenen Jahreszeiten

HERBARIUM

Ein Herbarium selbst zu befüllen, bringt uns der Natur unglaublich nahe. Wir beschäftigen uns viel tiefer und intensiver mit ihr und lernen sie, teilweise, noch mal ganz neu kennen. Solch ein selbst gemachtes Herbarium, wie ihr es hier seht, ist ein Geschenk für Gärtnerfreunde, was aus tiefstem Herzen kommt, denn es braucht Zeit. Es braucht Zeit, weil es liebevoll bebildert und ausgefüllt wird. Babett Büttner von „Malings Schilderkunst" aus Lübeck zeigt euch, wie ihr das macht.

Anleitung

Wählt ein, im besten Fall, unbedrucktes und blanko Notizheft eurer Wahl. Falls der Einband nicht zum Bemalen geeignet ist, oder es sehr bunt daherkommt, dann bastelt doch fix aus Packpapier einen Umschlag und bemalt diesen. Entweder mit Babetts Vorlage (siehe Tipp) oder einfach so, wie ihr das gerne mögt und euch vorstellt. Die leeren Innenseiten könnt ihr mit wichtigen Informationen über die Pflanzen vorbereiten. Ich habe mich in meinem Herbarium für den deutschen und botanischen Namen, die Blütezeit sowie die Verwendung entschieden. Zudem möchte ich eine kleine Zeichnung einfügen und einen getrockneten Teil der gewählten Pflanze einkleben. Ich finde es einfach sehr schön, die Pflanzen beim Durchblättern sehen zu können.

Füllt ruhig schon ein paar Seiten aus, bevor ihr das Herbarium verschenkt.

Das perfekte Geschenk für alle, die mehr über die Natur und ihre Pflanzen lernen möchten.

TIPP

Wenn ihr Lust auf ein Herbarium bekommen habt, hat Babett einen Miniworkshop für euch vorbereitet und das Cover des Herbariums zum Nachgestalten als Download vorbereitet. Link zum Download: *https://www.malings-schilderkunst.com/jahresuebersicht*
Passwort: Herbarium

Magische Herbstlichter

Ein Herbst ohne gemütliches Kerzenlicht? Niemals! Wie ihr wunderbare und liebevoll gestaltete Herbstlichter aus Zierkürbissen machen könnt und warum ich dafür keine Speisekürbisse mehr verwende, erfahrt ihr auf den nächsten Seiten.

Zierkürbise sind eine wahre Bereicherung im Herbst und so vielfältig für schöne Dekorationen zu verwenden.

Der Herbst ist für mich wirklich die absolut schönste Jahreszeit und wenn ihr es bis hierher geschafft habt, dann geht es euch wohl ähnlich. Vermutlich habt ihr dann auch eine große Vorliebe für bunte Kürbisse und liebt es, schöne Dinge aus ihnen herzustellen. Kürbisse sind wirklich vielfältig! Ich bin jedoch ein wenig davon abgekommen, essbare Kürbisse für meine Dekorationen zu verwenden – auch wenn der große Speisekürbis als Dekoration für das Fest der Ahnen am 31.10. eines jeden Jahres besonders schön ausschaut. Ich mag für Dekorationen nicht mehr so gern essbare Dinge verwenden und bin daher auf Zierkürbisse umgestiegen.

WAS SIND EIGENTLICH ZIERKÜRBISSE?

Zierkürbisse sind, wie der Name schon erahnen lässt, zur Zierde gedacht und kommen mit einer sehr festen und harten Schale daher. Sie trocknen relativ schnell ein, während die Speisekürbisse eher schneller schimmeln und weich werden. Wenn ihr bis heute dachtet, dass alle Zierkürbisse für uns Menschen aus kulinarischer Sicht giftig wären, dann habe ich eine gute Nachricht für euch: Dem ist nicht so, denn es gibt sehr leckere Speisekürbisse, die prinzipiell als Zierkürbisse Verwendung finden können. Da sind zum Beispiel der Mandarinenkürbis 'Jack be little' (sieht wie eine Mandarine aus) oder die Sorte 'Sweet Dumpling' (cremeweiß mit grünen Rippen), die beide nicht nur toll aussehen, sondern auch köstlich schmecken. Wenn ihr euch nicht sicher seid, ob ihr einen Speise- oder Zierkürbis vor euch habt, macht den Geschmackstest und probiert ein winziges Stückchen. Reine Zierkürbisse enthalten im Gegensatz zu Speisekürbissen Bitterstoffe, die für den Menschen nicht bekömmlich und giftig sein können. Ich halte mich für

meine Dekorationen daher an die, die wir nicht essen sollten. Und ich kann euch sagen, die Auswahl im Bereich der Zierkürbisse ist toll und absolut ausreichend.

ANBAU VON ZIERKÜRBISSEN

Anbauen könnt ihr die Zierkürbisse in eurem Garten genauso wie Speisekürbisse, achtet aber darauf, dass sie nicht in der Nähe zueinander oder gemeinsam mit Zucchini wachsen. Bei der Bestäubung kann es zu unliebsamen Kreuzungen kommen, die eure Speisekürbisse und Zucchini später bitter machen können. Die Kürbisse sind erntereif, wenn ihre Schale richtig hart daherkommt, nicht mehr so gut einzuritzen ist und die Stängel trocken und hart sind. Dann geht der Spaß mit den Zierkürbissen los, und ich zeig euch jetzt ein paar Ideen, mit denen ihr sie für individuelle Geschenke in Szene setzen und den Herbst einfangen könnt.

Die magischen Herbstlichter sind eine super nachhaltige und schöne Last-Minute-Geschenkidee.

1

1.+ 2. Die Zierkürbisse vor der Bearbeitung immer sorgsam entkernen und aushöhlen.

IHR BRAUCHT

– verschiedene Zierkürbisse (schaut einfach, was euch gut gefällt und sich gut für ein Windlicht eignet)
– scharfes Messer
– Hammer
– 1 bis 2 längere Nägel unterschiedlicher Dicke
– Löffel
– einige Teelichter
– Bleistift

ZIERKÜRBISLICHTER

Authentizität ist mir wichtig und manchmal auch, Dinge einfach zu tun, ohne dass sie perfekt sein oder aussehen müssen. Ich hoffe, ihr habt bei der Herstellung der Kürbislichter genauso viel Freude wie ich und schon bald ganz viele individuelle herbstliche Mitbringsel für eure Lieben zur Hand. Also legt los und genießt die Arbeit. Passt aber bitte auf eure Finger auf, denn die Kürbisse sind, wie schon erwähnt, sehr hart!

Lochmuster mit Nägeln

Ich beginne meist mit meinem liebsten Licht aus Zierkürbissen, das ich noch aus meiner Schulzeit kenne. Schon in der Grundschule haben wir mit einem Hammer und einem Nagel ganz zauberhafte Windlichter aus Kürbissen hergestellt und ich kann es nicht leugnen, die liebe ich heute noch. Dafür müsst ihr euren Kürbis nach Wahl lediglich vorsichtig aushöhlen und euer gewünschtes Muster mit einem Nagel und einem kleinen Hammer hineinschlagen. Wählt ruhig auch verschiedene Stärken der Löcher, damit ausreichend Luft zu eurem Teelicht kommt und es nicht ständig wieder ausgeht. Alternativ könnt ihr zur Belüftung auf der Rückseite einfach ein etwa 2 € großes Stück des Kürbisses herausschneiden.

Fantasie-Schnittmuster mit Messer

Das nächste Projekt ist das filigranste, und ihr werdet es sicher ganz wunderbar machen. Es ist sinnvoll, hierfür einen Zierkürbis zu wählen, dessen Schale nicht zu hart ist.
Höhlt den Kürbis vor Beginn der filigranen Arbeit gründlich aus und malt dann mit einem Bleistift euer gewünschtes Muster auf. Mit einem spitzen und scharfen Messer könnt ihr dieses nun ausschneiden. Bitte, bitte passt dabei auf eure Finger auf! Das beste Last-Minute-Geschenk für jede spontane Einladung in der wunderschönen Herbstzeit!

2

Ein paar mal gehämmert und schon ein gemütliches Licht.

Ein wenig Fingerspitzengefühl ist nötig, aber es lohnt sich!

TIPP

Eine Idee, die wirklich jeder von euch umsetzen kann: einen runden Zierkürbis aufschneiden, aushöhlen, ein wenig Moos, bunte Blätter, kleine Zapfen und Äste darin verteilen, ein Teelicht hineinstellen, und schon seid ihr fertig.

Mit Düften verbunden

Zum Leidwesen meines Mannes duftet es gerade im Herbst immer in unserem Haus. Ich brauche das für die Gemütlichkeit und es gibt einfach so viele schöne Möglichkeiten, Duft ins Leben zu bringen. Ein paar meiner liebsten Duftmomente stell ich euch auf den nächsten Seiten vor.

MATERIALIEN AUS GARTEN & HAUSHALT FÜR RÄUCHERWERK

– Kräuter wie Lavendel, Thymian, Rosmarin, Beifuß, Salbei etc.
– Gewürze wie Anis
– verschiedene Rinden und Nadeln
– Schalen von Früchten wie Äpfel

Ich liebe Düfte! Jedoch nicht unbedingt in Form von Parfüm und Co., sondern in ihrer ganz natürlichen Form. Ätherische Öle, Harze, Blüten, Blätter und Kräuter bringen mir die größten Duftfreuden in mein Leben. Bei mir daheim findet ihr immer viele, viele Räuchermischungen und einen Haufen ätherischer Öle in ihrer reinen sowie auch in gemischter Form. Und wenn ich Haufen sage, dann mein ich das auch so! Der Haufen ist wirklich riesig. Ähnlich wie beim Saatgut hege ich eine langjährige Sammelleidenschaft für alles, was schön duftet. Vieles davon, vor allem die ätherischen Öle, habe ich käuflich erworben. Beim Räucherwerk greife ich jedoch sehr oft auf das zurück, was die Natur hergibt. Und das ist nicht wenig, wie ihr auf den nächsten Seiten erfahren werdet. All diese Schätze nutze ich fast täglich in meinem Alltag. Ob im Diffusor, auf dem Räucherofen oder in Form von selbst gemachten Räucherkugeln, in erfrischenden Sprays oder im selbst gemachten Waschmittel.

RÄUCHERN MIT PFLANZEN

Das Räuchern bzw. „Verglühen“ von Blüten, Blättern, Wurzeln, Rinden und Harzen begleitet uns Menschen schon eine sehr, sehr lange Zeit. Es gab und gibt kaum ein Volk, welches sich den reinigenden, heilenden und religiösen Zwecken des Räucherns nicht bediente.
Heutzutage ist die Kunst des Räucherns zwar nicht mehr so stark präsent und verbreitet, aber es gibt – zum Glück – immer noch Menschen, die sich intensiv mit dem Thema beschäftigen und ihr Wissen mit interessierten Personen teilen und sie mit auf die duftende Reise durch

Kräuter, Blüten, Gewürze und andere duftende Dinge sammle und trockne ich das ganze Jahr über. So habe ich immer eine schöne Auswahl parat.

die Welt des Räucherns nehmen. Auch ich bin dem Räuchern schon viele Jahre verfallen und liebe es, immer wieder neue Räuchermischungen für meine ganz persönlichen Zwecke zu kreieren. Denn wenn ihr es erst mal ausprobiert habt und mögt, dann werdet ihr ganz schnell feststellen, wie einfach ihr euer eigenes und persönliches Räucherwerk herstellen könnt. Das Räucherwerk lässt sich auf unterschiedliche Weise verräuchern. Ich persönlich bevorzuge das Räuchern auf einem Sieb, weil sich der Duft des Räucherwerks so viel feiner verteilt. Aber wenn ihr selbst noch keine Erfahrung mit dem Räuchern habt, dann probiert euch einfach durch die verschiedenen Methoden und findet die für euch passende. Ich zeige euch einige auf den folgenden Seiten.

Heimische Kräuter und ihre räuchernde Wirkung

Im Zuge der Nachhaltigkeit könnt ihr auch beim Räuchern auf heimische Kräuter zurückgreifen. Ich habe euch einige mit Erntezeit und Wirkung zusammengestellt. So könnt ihr persönliche Wohlfühl-Geschenke für eure Lieben für viele Lebenssituationen kreieren.

Alant: Blütenernte im August. Vertreibt Stress und Niedergeschlagenheit.

Baldrian: Blütenernte im August. Hilft gegen innere Unruhe und Stress.

Beifuß: blühende Triebe ab Juli. Unterstützt bei Veränderungen das Loslassen und den Neubeginn.

Eisenkraut: blühende Triebe ab Juli. Fördert Eigenschutz und Abwehr, stärkt innerlich.

Engelwurz: Blütenernte im August. Stärkt die Lebensfreude und wirkt kräftigend.

Beim Räuchern mit Kohle bitte immer ein feuerfestes Gefäß und etwas Sand verwenden!

Schwarzer Holunder: Blütendolden im Frühjahr. Weckt Lebensgeister und Freude, Herzöffner.
Johanniskraut: Blüten ab Ende Juni. Hilft gegen depressive Stimmung.
Kamille: Blüten im August. Hilft gegen Stress und wirkt harmonisierend.
Lavendel: Blütenstände im Sommer. Wirkt beruhigend, unterstützt das Loslassen und den Neubeginn.
Minze: Blütenstände im August. Wirkt energetisierend und schärft den Geist.
Oregano: blühende Triebe ab August. Fördert Mut und Ausdauer.
Rosmarin: Triebe im August ernten. Wirkt anregend, stärkend und hilft gegen Niedergeschlagenheit.
Salbei: ganze Triebe ab Juli. Wirkt befreiend.
Thymian: blühende Triebe im August. Stärkt Selbstvertrauen, unterstützt die eigene bessere Abgrenzung.
Wermut: blühende Triebe im August. Gibt neue Lebensfreude, hilft beim Abschiednehmen.
Ysop: blühende Triebe im August. Unterstützt in Krisenzeiten das Durchhaltevermögen.
Zitronenmelisse: Triebe vor der Blüte. Stärkt und schützt.

Aus dem Teig könnt ihr alternativ zu den Kugeln auch kleine Kegel formen, schaut einfach was euch gut gefällt.

RÄUCHERN MIT KOHLE

Für das Räuchern mit Kohle benötigt ihr ein feuerfestes Gefäß, Sand, Räucherkohle, ein Teelicht und eine Zange. Schüttet den Sand in das Gefäß. Mit einer Zange haltet ihr die Räucherkohle über ein entzündetes Teelicht und wartet einen Moment, bis die Oberfläche der Kohle zu glimmen beginnt. Legt sie dann auf den Sand in euer Gefäß und wartet ein paar Minuten, bis sie durchgeglüht ist und von außen fast weiß erscheint. Streut ein klein wenig Sand auf die Kohle und legt eine kleine Menge (etwa einen viertel Teelöffel) eures gewünschten Räucherwerks darauf. Das Räuchern mit Kohle bietet sich vor allem an, wenn ihr Harze verwendet.

Räucherkugeln selber machen

Nach diesem kleinen Einblick in das Räuchern und seine Geschichte möchte ich euch natürlich auch ein kleines Projekt mit an die Hand geben. Um eigene Räucherkugeln herzustellen, vermischt ihr das Wasser mit der Stärke und lasst es unter Rühren kurz aufkochen, bis eine klebrige Paste entsteht. Stellt diese zum Abkühlen dann zur Seite.
Gebt euer gewünschtes Räucherwerk in einen Mörser und mahlt alles sehr fein, bis ein Pulver entsteht. Stellt das Pulver in einem kleinen Gefäß zur Seite und mahlt nun nach und nach die Räucherkohle, bis diese ebenfalls pulverisiert ist.
In einer Schüssel mischt ihr die Räucherkohle mit dem Räucherwerk und gebt dann Löffel für Löffel die Stärkepaste hinzu. Es sollte ein gut knetbarer Teig entstehen. Wundert euch nicht, falls etwas von der Paste übrig bleibt, das Wichtigste ist die Konsistenz des Kohleteigs!
Aus diesem Teig könnt ihr nun Kugeln oder Kegel formen. Lasst diese mindestens zwei Tage auf der Heizung oder einem anderen warmen Ort gut durchtrocknen. Verfahrt mit dem Anzünden genau so, wie ich es in der Beschreibung „Räuchern mit Kohle“ erklärt habe.

IHR BRAUCHT

- 1 Rolle Räucherkohle (ca. 10 Stück)
- 125 ml Wasser
- 15 g Stärke (ca. 1 gehäufter EL)
- 1 bis 2 EL Räucherwerk eurer Wahl (je mehr, desto stärker der Duft)

Auf dem Räucherstövchen verteilt sich nach meinem Empfinden der Geruch der Kräuter, Harze und Gewürze am besten.

TIPP

Im Herbst und Winter könnt ihr euch den Sommer mit den vielfältigen und getrockneten Sommerkräutern zurückholen. Balsam für die Seele!

RÄUCHERN MIT STÖVCHEN UND SIEB

Ihr benötigt ein kleines Räucherstövchen mit Sieb oder eine feuerfeste Schale mit einem Teelicht und einem passenden Drahtsieb. Wichtig ist, dass der Abstand zwischen Teelicht und Sieb ausreichend ist – ich lasse immer mindestens 10 cm Abstand zwischen Kerze und Sieb. Zündet das Teelicht an und legt das Sieb auf die Schale. Verteilt euer gewünschtes Räucherwerk auf dem Sieb und genießt den entstehenden Duft.

Achtet bitte darauf, dass ihr bei dieser Methode niemals reines Harz verwendet, es kann in die Flamme der Kerze tropfen und im schlimmsten Fall für eine Stichflamme sorgen. Abhilfe schafft ihr, indem ihr Harze immer mit getrockneten Kräutern mischt, die während des Räucherprozesses das Harz aufsaugen.

RÄUCHERN MIT EINEM KRÄUTERBÜNDEL

Das Räuchern mit vielfältigen Räucherbündeln aus Kräutern hat eine lange Tradition in allen Kulturen dieser Welt. Um daheim eine eigene, reinigende Zeremonie durchzuführen, könnt ihr ganz wunderbar auf heimische Kräuter wie Salbei, Beifuß, Schafgarbe oder Thymian zurückgreifen. Die Herzen von „kruut" haben nicht nur in ihrem Buch all ihr Wissen über die Kunst des Räucherns zusammengetragen, sondern verkaufen auch in ihrem Onlineshop wunderbare und regionale Räucherbündel, die euch durch euren Alltag begleiten können.

Natürlich könnt ihr ein individuelles Räucherbündel aus den Schätzen eures Gartens auch leicht selbst zusammenstellen. Dafür sucht ihr euch ausreichend Kräuter eurer Wahl zusammen (Salbei ist zum Beispiel für seine reinigende Wirkung bekannt) und bindet sie mit einer Juteschnur zu einem festen Bündel zusammen. Lasst das Bündel nun ca. ein bis zwei Wochen an einem warmen und trockenen Ort gut durchtrocknen. Zum Räuchern wird das Bündel später kurz über eine Kerzenflamme gehalten, bis es glimmt, und schon kann die Zeremonie beginnen.

Habe ich immer parat: Vielfältige Räuchermischungen.

Mit der Seifentasche habt ihr Geschenk und Zweck in Einem.

IHR BRAUCHT
- Wolle eurer Wahl
- 2 Stricknadeln, passend zur Wollstärke
- Stopfnadel mit großem Öhr
- ggf. Häkelnadel
- ggf. Knopf, Nadel und Faden

SEIFENTASCHE

Feste Seifen haben viele Vorteile: Sie sparen eine Menge Plastikmüll, sind handlich, nehmen nicht viel Platz weg und sind sparsam in der Anwendung.
Oft stellt sich aber, gerade wenn wir unterwegs sind, die Frage: Wo bewahre ich mein Stück Seife am sinnvollsten auf? Nun, Möglichkeiten gibt es viele, aber ich möchte euch hier eine davon vorstellen, mit der ihr ein schönes Geschenk sowie auch eine schöne Geschenkverpackung und später ggf. eine Umverpackung parat habt.

Anleitung

Sucht euch Wolle in eurer Lieblingsfarbe und Zusammensetzung aus und strickt daraus ein Quadrat.
Wir haben für unsere Seifentasche ein Kästchenmuster gewählt, du kannst aber auch ein anderes Muster stricken.
Für unser Quadrat mit der Nadel-/Wollstärke 4 schlägst du 30 Maschen an. Stricke dann eine Randmasche, 7 rechte Maschen, 7 linke Maschen, 7 rechte Maschen, 7 linke Maschen und zum Abschluss der Reihe wieder eine Randmasche. Drehe auf die andere Seite um. Beginne wieder mit

einer Randmasche, stricke dann 7 linke Maschen, 7 rechte Masche, 7 linke Maschen, 7 rechte Maschen und ende wieder mit einer Randmasche.
Unser Grundmuster besteht also aus 2 Kästchen mit je 7 rechten und 7 linken Maschen und wird zweimal in der Reihe gestrickt. Die Kästchen sind jeweils 10 Maschen hoch. Danach wird gewechselt. Auf die Kästchen mit den rechten Maschen folgen Kästchen mit den linken Maschen.
Nach 40 Reihen bzw. 4 Kästchen in der Höhe wird abgekettet. Dafür die Randmasche und eine weitere Masche stricken. Die Randmasche über die vordere Masche drüberziehen. Dann die nächste Masche stricken und die hintere Masche über die vordere ziehen, so dass sie ohne Faden in der Reihe liegen bleibt. So fortfahren, bis ihr an der letzten Masche angekommen seid.
Von dieser aus macht ihr mit einer Stricknadel oder Häkelnadel ca. 10 Luftmaschen für das Knopfloch. Das Ende der Luftmaschenreihe am Quadrat anhäkeln.
Abschließend die Fäden im Rand so vernähen, dass sie nicht mehr sichtbar sind.
Nun noch einen kleinen Kopf annähen.
Die Seife auf das Quadrat legen, dieses von allen Seiten zusammenfalten und mit dem Knopf verschließen. Alternativ könnt ihr den übrigen Faden vom Abketten auch einfach um das Seifenpäckchen schlingen, und fertig ist eure Seifentasche.

Entscheidet euch bei der Wahl eurer Seife am besten und im Sinne der Umwelt für eine Naturseife, die zu 100 Prozent biologisch abbaubar ist.

Oftmals völlig unterschätzt kommt der Efeu mit einer tollen Waschpower daher.

IHR BRAUCHT

– 10 große Efeublätter
– alte Socken oder Waschnetz
– ggf. 1 EL Waschsoda
– verschließbares Glas

EFEUWASCHMITTEL

Als ich vor vielen Jahren das erste Mal las, dass es sich mit Efeu gut waschen lässt, da war ich ehrlicherweise ziemlich skeptisch. Mit Efeu waschen? Hängt da nicht alles später in der Kleidung fest? Verdreckt es nicht die Maschine und macht das auch wirklich sauber? Falls ihr bis heute auch eher skeptisch wart, kann ich euch eine gute Nachricht mit auf den Weg geben: Es klappt ganz wunderbar! Tatsächlich ist es nämlich so, dass Efeu durch die enthaltenen Saponine, die natürliche und seifenähnliche Eigenschaften mit sich bringen, den Schmutz der Wäsche binden und gut zum Waschen von nicht zu stark verschmutzter Wäsche geeignet ist. Ein weiterer Vorteil: Efeu ist als immergrüne Pflanze ganzjährig und vor allem auch kostenlos verfügbar. Wichtig: Ich wasche mit dem Efeuwaschmittel lediglich dunkle oder bunte, aber niemals die helle Wäsche. Bei hellen Sachen ist leider eine Verfärbung nicht auszuschließen und das muss ja nicht sein!
Grundsätzlich gilt: Wenn ihr in einer Gegend lebt, in der sehr kalkhaltiges Wasser vorhanden ist, denkt bitte immer an einen für eure Maschine passenden Entkalker. Denn anders als in handelsüblichen Waschmitteln, ist dieser bei Efeu leider nicht inklusive.

Anleitung für die trockene Variante

Pflückt euch ca. zehn große und dunkle Efeublätter und reinigt sie (wenn nötig unter Wasser). Nehmt nicht die ganz jungen Blätter, deren Wirkung ist leider noch nicht sehr ausgeprägt. Legt die Blätter in einem alten Wäschenetz oder einer alten, zugeknoteten Socke zu eurer Wäsche und stellt die Maschine wie gewohnt an. Solltet ihr stärker verschmutzte Wäsche in der Maschine haben, dann gebt zusätzlich einen Esslöffel Waschsoda in das Pulverfach der Maschine. Waschsoda verstärkt die reinigende Wirkung des Efeus.
Wenn ihr das Efeuwaschmittel verschenken wollt, dann trocknet doch an einem warmen Tag (oder auf der Heizung) eine ganze Ladung der Blätter und gebt sie getrocknet in ein schönes Weckglas. So können die Beschenkten ihr Efeuwaschmittel herstellen, wann immer es passt. Informiert aber bitte darüber, dass bei der getrockneten Form lieber ein paar Blätter mehr benutzt werden sollten, da die Trocknung die Wirkung ein klein wenig reduziert.

Perfekt und nachhaltig für bunte Wäsche: Das Efeuwaschmittel.

Ob flüssig oder trocken, schaut einfach was für euch und eure Wäsche am besten passt.

Anleitung für die flüssige Variante

Zerkleinert ca. zehn große Efeublätter und gebt sie in ein verschließbares Glas (ca. 300 ml). Übergießt die Blätter mit heißem Wasser (lasst es einmal aufkochen und dann kurz stehen). Verschließt das Glas und lasst es ca. ein bis zwei Stunden stehen. Dann einmal gründlich schütteln, bis ein feiner Schaum entsteht. Falls kein Schaum entsteht, gebt entweder ein paar mehr Blätter hinzu oder lasst euer Gemisch noch eine Weile stehen. Das Gemisch nun durch ein Sieb abseihen und die Flüssigkeit auffangen. Ich empfehle euch, das Waschmittel noch mit ein paar Tropfen ätherischem Öl zu verfeinern. Ich selbst benutze dafür am liebsten einen rosigen oder zitrusfrischen Duft. Zum Waschen gibt man das Efeuwaschmittel in das passende Fach der Maschine und stellt sie wie gewohnt an. Die flüssige Variante wird immer frisch verwendet. Länger als ein bis zwei Tage sollte das flüssige Waschmittel (im Kühlschrank) nicht aufbewahrt werden! Bitte gebt dies als Info an die Beschenkten weiter.

WINTER

Tierisch gute Snackbars

Sollen kleinere Wildtiere und Vögel im Winter gefüttert werden und wenn ja, was brauchen sie eigentlich? Wie steht es um die Lebensräume und was können wir tun, um diese Lebewesen zu schützen? Das erfahrt ihr auf den nächsten Seiten.

Unsere heimischen Wildtiere, die unsere Gärten besuchen, kommen mit dem Winter in der Regel gut zurecht. Und auch wenn es jetzt überraschend klingt, eine Zufütterung im Winter ist gar nicht unbedingt nötig. Das sagt selbst der NABU mit dem Zusatz, dass wir uns viel mehr Gedanken darüber machen müssen, wie wir die zerstörten Lebensräume für kleine Wildtiere und Vögel ausgleichen können. Denn die Zerstörung der Lebensräume ist nicht nur im Winter ein viel größeres Problem.

Dieser Fakt ist auch nicht sehr überraschend, denn Gärten kommen oft viel zu einseitig und karg daher: Schotter, englischer Rasen und wenig bis keinerlei Artenvielfalt sind immer noch allgegenwärtig. Für den Lebensraum von kleineren Wildtieren und Vögeln ist in solchen Gärten kein Platz, und insbesondere in den Großstädten fehlt es immer mehr an wichtigem Lebensraum. Es fehlt an ruhigen Ecken mit Totholz oder Laubhaufen als Rückzugsort, dichten heimischen Sträuchern, Obst- und Nussbäumen, an denen auch im Winter noch ein paar Früchte und Nüsse hängen. Es fehlt an so vielem, und wenn ich in manche „Gärten" schaue, stimmt es mich immer wieder traurig. Es könnte so einfach sein, unsere heimische Artenvielfalt zu schützen, wenn wir ihr ein wenig mehr Raum geben würden.

Neben den Gründen, die gegen eine Fütterung sprechen, gibt es jedoch auch einen sehr guten Grund für die Fütterung von kleineren Wildtieren und Vögeln: Wir Menschen beobachten gerne, und wie könnten wir uns den Natur- und Umweltschutz besser nahebringen, als damit, dass wir uns mit genau dieser Natur intensiver beschäftigen?

Außerdem dürfen wir nicht vergessen, dass es gerade im städtischen Bereich nicht immer möglich ist, als Einzelperson Lebensraum zu schaffen. In dem Fall ist es wunderbar, wenn Mensch sich Gedanken darüber macht, wie die kleineren Wildtiere und Vögel im Winter versorgt werden.

Ihr seht, auch wenn unsere heimischen Arten gar nicht unbedingt eine Zufütterung brauchen, schadet ihr ihnen – bei artgerechter Fütterung – auch nicht, wenn ihr in der Winterzeit eine sättigende Futterquelle bereitstellt und sie somit unterstützt.

Eine alte Poffertjes-Form mit Vogelfutter ist ein echter Hingucker im Garten.

WIE FÜTTERE ICH RICHTIG?

Neben der richtigen Futterauswahl ist es mir wichtig, zu erwähnen, dass ihr bitte immer (!) auf die Sauberkeit und Hygiene der Futterstellen achtet, damit es erst gar nicht zu einer Übertragung von Krankheitserregern zwischen kleineren Wildtieren und Vögeln kommt. Reinigt die aufgehängten Holzfutterstellen zudem immer mal wieder mit heißem Wasser (tragt dabei bitte Handschuhe) und achtet grundsätzlich darauf, dass das Futter nicht nass werden kann, damit es nicht verdirbt.

WAS IHR FÜTTERN KÖNNT

Unseren heimischen Vögeln könnt ihr im Winter einen trockenen Körnermix aus Sonnenblumenkernen und Hanfsamen, Haferflocken und gehackten Nüssen sowie auch getrocknetem Obst und Rosinen anbieten. Diesen Mix könnt ihr mit Fett (Kokosfett oder tierischem, ungesalzenem Talg) noch nährreicher gestalten.
An nicht zu kalten Tagen könnt ihr auch für Igel und Eichhörnchen ein paar geschnittene Äpfel, Möhren und geknackte Nüsse bereitlegen.

TIPP

Vergesst mal den Perfektionismus im Garten und schafft lieber wertvollen Lebensraum für all die Wesen, die euren Garten so viel bunter und fröhlicher machen.

VOGELFUTTERSTATIONEN SELBER MACHEN

IHR BRAUCHT
– Körnermischung für Vögel
– einige Äpfel
– einige Erdnüsse oder geknackte Nüsse eurer Wahl
– flüssiges Kokosfett
– Backform o. Ä.

Auf der vorigen Seite erwähnte ich schon, dass nicht alle Menschen die Möglichkeit haben, im großen Stil ausreichende und vielfältige Lebensräume für kleine Wildtiere und Vögel zu schaffen. Wenn euch oder den Menschen in eurem Umfeld – gerade im städtischen Bereich – nur ein kleiner Balkon zur Verfügung steht, dann sind die Möglichkeiten einfach begrenzt. Das kann uns dann fürchterlich ärgern, oder wir machen einfach das Beste daraus und geben der Natur das zurück, was wir können! Deswegen freue ich mich, dass ich euch hier zwei schmackhafte Ideen für Futtermöglichkeiten mit auf den Weg geben kann, die nicht nur für große, wie kleine Gärten eine schöne Option sind, sondern auch auf kleinen Balkonen oder Terrassen immer einen Platz finden werden und für viel Freude beim Beobachten und Entdecken der kleinen Lebewesen sorgen.

Futterstelle aus einer alten Backform

Auch wenn in meinem Garten vor allem ganz typische Holzhäuser für meine gefiederten, stachligen und felligen kleinen Freunde bereitstehen, wollte ich für dieses Buch etwas Besonderes vorstellen.
Und so ging ich auf einen Flohmarkt und suchte eigentlich eine alte Muffinform aus Metall oder einem anderen leichten Material, um eine „fliegende Futterbar" zu errichten. Leider fand ich solch eine Form nicht. Was ich jedoch fand, erfreut mich fast noch mehr, denn ich fand eine alte Poffertjes-Form, die einfach perfekt passte für meine Vorstellung dieser Futterbar. Nur die Sache mit dem Schweben gestaltete sich etwas schwierig, aber sei es drum.
In diese alte Poffertjes-Form füllte ich ein paar geschnittene Äpfel, ein paar Erdnüsse und eine Körnermischung, die ich mit etwas Kokosfett übergoss. Fertig war die Futterbar, und ich stellte sie sofort in den Garten. Es dauerte keine zwei Tage, da war sie leer gefuttert und ich ganz glücklich, weil es da wohl einigen tierischen Gästen und Gartenbewohner:innen sehr gut geschmeckt hat. Mission geglückt würde ich sagen!
Also, besucht doch demnächst mal einen Flohmarkt oder sucht eure Küchenschränke ab, vielleicht findet ihr die passende Form für eine Futterbar. Alternativ lohnt sich ein Blick in den Onlineshop *daheeme.com*, meine liebe Freundin Tati hat gerade in der Kategorie „Altes" immer ein paar Schätze parat, die sich sicher auch für eine Futterbar eignen.

1. Etwas weiches Kokosfett über den Zapfen schütten.

2. Das Futter auf dem Zapfen verteilen und Schritt 1 + 2 wiederholen.

3. Eine perfekte Futterquelle für die Vögel an kalten Tagen.

3

1

2

Futterstelle aus Zapfen

Die zweite Idee kam mir, als ich gerade bei meiner Physiotherapeutin und lieben Freundin Stephie lag und mir ihre Weihnachtsdekoration im Fenster anschaute. Dort lagen zwei riesige Zapfen und ich dachte mir, dass das doch eine nette Idee für eine ganz natürliche Futterstation sein könnte. Nett, wie sie ist, durfte ich mir die Zapfen sofort mitnehmen und konnte das Projekt noch am gleichen Tag umsetzen.

Legt dazu euren Zapfen in eine Schüssel und übergießt ihn vorsichtig mit nicht mehr so ganz flüssigem Kokosöl. Gebt eine gute Portion der trockenen Vogelfuttermischung rundherum darauf und übergießt den Zapfen nochmals mit dem Kokosöl. Verteilt wieder rundherum das Futter. Hier und da wird etwas in die Schüssel tropfen, nehmt euch dann einfach einen Löffel und verteilt es am Ende um den Zapfen herum. Lasst alles gut abkühlen. Fertig.

IHR BRAUCHT

– Körnermischung für Vögel
– optional ein paar Rosinen
– flüssiges Kokosfett
– einen oder mehrere größere Zapfen

Nachhaltig schöne Adventsdeko

Adventsdekoration könnt ihr ganz einfach nachhaltig und natürlich gestalten, indem ihr euch ein wenig in eurem Garten oder dem Wald umschaut. Passende Utensilien finden sich überall!

TIPP

Wenn ihr auf der Suche nach schönen und alten Backformen, Pfannen und Ähnlichem seid, dann schaut unbedingt bei *daheeme.com* vorbei. Mit dem Code „GeschenkePflanzen" erhaltet ihr einen Rabatt von 5 % auf eure erste Bestellung.

Wir nähern uns in großen Schritten dem Ende des Jahres und damit der wunderschönen Adventszeit. Überall duftet es jetzt herrlich nach Zimt, Äpfeln, Tannenzweigen und frisch gebackenen Plätzchen. Die Kerzen werden wieder aus den Schubladen geholt und entzündet. Bunte Lichter erhellen die dunklen Abende. Und überall wird es noch ein ganzes Stück gemütlicher als sonst. Ich liebe diese Zeit!
Ich finde ja, dass die Tage in der Adventszeit etwas langsamer laufen und die langen, dunklen Abende, die diese Tage so mit sich bringen, machen mir dann kaum etwas aus. Geht euch das auch so?
In der Adventszeit steht für mich das Thema Gemeinschaft an oberster Stelle. Wir sitzen viel öfter mit lieben Menschen aus unserem Umfeld zusammen und unternehmen gemeinsam lange Spaziergänge. Wir treffen uns auf einen Glühwein auf dem kleinen Weihnachtsmarkt in der Nachbarstadt und genießen es sehr, diese Zeit miteinander zu haben.
Es ist auch die Zeit, in der ich wieder meinen Garten und den nahen Wald erkunde, um mir nach und nach viele natürliche Utensilien für meine Adventsdekoration zusammenzusammeln. Ich bin auf der Suche nach Moos, schönen Ästen, bunten Beeren, getrockneten Blüten, Zapfen und Tannenzweigen. Und wo wir beim Thema sind: frische Tannenzweige oder verschiedene Zapfen müsst ihr weder kaufen noch von einem Baum absägen oder brechen. Spaziert nach einem stürmischen Tag doch mal mit offenen Augen durch den Wald und schaut, was ihr am Boden findet, ihr werdet überrascht sein. Seid jedoch wie immer achtsam und rücksichtsvoll mit der Natur und nehmt nur das,

was ihr selbst wirklich benötigt! Eine wichtige Information an dieser Stelle, wenn ihr Moos im Wald sammeln möchtet: Bitte bedenkt, dass einige Moosarten unter Naturschutz stehen und nicht aus dem Wald entwendet werden dürfen. Informiert euch vor dem Sammeln ausgiebig, damit ihr nicht versehentlich geschütztes Moos sammelt!
Wenn ich mit all meinen Schätzen nach Hause komme, kann ich es kaum noch erwarten, loszulegen. Ich sammle sämtliche passenden (Holz-)Teller, Backformen, Kerzen, Kerzenständer und Flaschen unseres Haushalts zusammen, die ich finden kann und lasse ich mich dann von meinen gesammelten Utensilien inspirieren.
Es braucht nicht viel, um sich eine gemütliche und natürliche Dekoration ins Haus zu holen, lasst euch gern von den nächsten Seiten inspirieren und vielleicht auch dazu motivieren, eure Adventskränze mal selbst zu gestalten. Ich wünsche euch auf jeden Fall ganz viel Freude dabei!

Nachhaltige und schöne Adventsdekoration braucht nicht viel. Mit schönen Zweigen, Moos, Gräsern, Kerzen und ein paar Äpfeln und Orangen könnt ihr tolle und ganz natürliche Kunstwerke schaffen.

IHR BRAUCHT

– 1 geschmiedete, alte Pfanne (alternativ eine alte Emaillepfanne)
– dünne Birkenzweige
– etwas Efeu
– 4 Teelichter
– 4 kleine Glasgefäße

DER SCHLICHTE ADVENTSKRANZ

Auch wenn die Adventszeit meist bunt und nicht gerade schlicht daherkommt, manchmal mag ich genau diese Schlichtheit zwischen all den bunten Hinguckern am liebsten. Vielleicht geht es euch ja auch so oder ihr kennt jemanden, der diese Schlichtheit ebenso liebt und sich über solch einen Adventskranz freuen würde.
Für diesen besorgt ihr euch am besten eine alte, geschmiedete Pfanne (meine habe ich, ebenso wie die Backform des zweiten Kranzes, im Onlineshop von *daheeme.com* ergattert). Solltet ihr solch eine alte Pfanne nicht finden, dann schaut, dass ihr eine schlichte und vielleicht auch schon ein wenig ramponierte Emaillepfanne auf dem Flohmarkt oder im Internet erwerben könnt.
Sucht euch einige dünne Birkenzweige zusammen, die ihr zu einem kleinen, feinen Kranz ineinander verdreht. Bindet gern noch eine Efeuranke oder einzelne Efeublätter in den Kranz ein und legt ihn in die Pfanne. In die Mitte des Kranzes platziert ihr nun vier Teelichter in kleinen Glasgefäßen und schon ist ein schlichter und wunderschöner Adventskranz entstanden.

2

1

1. Legt die gebundenen Birkenzweige in die Pfanne.

2. Ein paar Kerzen dazu und schon ist der Kranz fertig.

1. + 2. Etwas Moos und eine alte Backform, mehr braucht es nicht. Das Highlight: Vier verschiedene Bienenwachskerzen

1

2

DER NOSTALGISCHE ADVENTSKRANZ

Wohin mit den alten Backformen, wenn sie vielleicht nicht mehr so richtig zum Backen zu gebrauchen sind, aber doch noch viel zu schön, um sie wegzuwerfen? Wie wäre es denn, wenn ihr euren nächsten Adventskranz mit genau so einer alten Backform gestaltet? Das ist nicht nur nachhaltig, sondern auch wirklich schön und besonders, wie ihr an meinem hier gezeigten Kranz sehen könnt.

Für einen Adventskranz dieser Art füllt ihr die alte Backform zuerst mit ein wenig Moos aus eurem Garten oder dem Wald und verteilt eure Kerzen darin so, dass sie sicher zwischen dem Moos stehen und nicht umkippen. Ich persönlich finde es sehr schön, verschiedene Kerzen (Größe und Form) einzubinden, aber natürlich könnt ihr euch auch für vier gleiche Kerzen entscheiden. Ein Tipp am Rande: Ich kaufe meine Kerzen sehr oft auf dem Flohmarkt, dort findet ihr vor allem ältere Bienenwachskerzen für wenig Geld.

Wenn das grüne Grundgerüst eures Kranzes steht, dann füllt ihn nun mit getrockneten Gräsern und Blüten auf, welche ihr vielleicht sogar noch im Garten finden könnt.

Legt ein paar Äpfel in die Backform und steckt an den Seiten noch ein paar Tannenzweige locker ins Moos. Lasst sie etwas überhängen, damit der Kranz noch ein wenig voller und bunter daherkommt.

Fertig ist euer bunter und wunderschöner Adventskranz, der sich auf jeder Adventstafel sehen lassen kann!

IHR BRAUCHT

– 1 große, alte Backform nach Wahl
– Moos
– kleine Äpfel
– getrocknete Blüten und Gräser
– einige Tannenzweige
– 4 verschiedene Kerzen

Einfach und doch so wundervoll gemütlich und schön.

IHR BRAUCHT

- 1 Holztablett
- Moos
- Stabkerzen und Ständer
- einige dickere Äste, rote Äpfel und Tannenzweige

LICHTERTAFELN IM ADVENT

Die Arbeit an dem Thema „Nachhaltige Adventsdekorationen" machte mir im Zuge dieses Buches besonders viel Freude. Ich freue mich so sehr darüber, dass ich euch hier meine persönlichen Vorlieben und Ideen für ganz einfache, nachhaltige und natürliche Dekorationsmöglichkeiten mit auf den Weg geben darf und euch vielleicht auch dazu animieren kann, in Zukunft auf gekaufte und vielleicht auch aus Plastik hergestellte Dekorationen zu verzichten.

Denn egal, zu welcher Jahreszeit, ich finde nichts schlimmer, als mit den Dekorationen für Haus und Garten unnötigen Müll zu produzieren. Alles, was ich für meine Dekorationen verwende, möchte ich entweder ganzjährig anderweitig weiternutzen können oder wieder zurück in den Kreislauf der Natur geben, indem die gebrauchten Utensilien auf dem Kompost oder in der Bio-Tonne entsorgt werden.
Ebenso wie bei den Adventskränzen, die ich euch auf den vorherigen Seiten gezeigt habe, gestalte ich meine übrigen Adventskreationen mal ganz schlicht und mal etwas üppiger und bunter. Und da ich mich zum Glück gar nicht entscheiden muss und ich euch auch ein wenig Vielfalt vorstellen möchte, zeige ich euch ebenso bei der Lichtertafel verschiedene Stilmöglichkeiten.

Klassisch

Ich beginne mit einer schlichteren Dekoration. Dafür benötigt ihr als Basis ein Holztablett, auf welchem ihr zuerst so viel Moos verteilt, dass der Tablettboden gut bedeckt ist. Stellt nun eure Kerzen mit den Ständern hinein und achtet darauf, dass diese kippsicher stehen.
Nun dekoriert ihr um die Kerzen herum die Äpfel, die Tannenzweige und die Äste. Fertig ist eine schlichte und doch klassisch schöne Adventsdekoration. Wenn ihr es ganz schlicht mögt, dann lasst die Äpfel, die Zweige und die Äste einfach weg, so wirkt das Moos mit den Kerzen für sich allein.

Verspielt

Die bunte und eher verspielte Adventsdekoration nenne ich oftmals liebevoll „den bunten Resteteller". Ich verwende und verwurschtle auf diesem Teller bzw. diesem Tablett gern all die Utensilien, die von der restlichen Dekoration noch übrig geblieben sind. Es verkommt nichts und all das, was ich aus dem Wald oder dem Garten geholt habe, es wird genutzt. Gute Idee, oder?!
Gestaltet ist das Tablett wieder ganz einfach und schnell. Ebenso wie bei der schlichteren Variante bedeckt ihr den Boden des Tabletts mit Moos und platziert die Kerze an einem schönen und sicheren Platz. Die kleine Backform befüllt ihr mit ein paar Birkenzweigen, die ihr vorab zu einem kleinen Kranz gebunden habt. Zwei schöne Äpfel dazu und schon könnt ihr sie im Tablett platzieren.
Nun nehmt ihr all eure Reste – oder die rechts genannten Utensilien – zur Hand und drapiert sie um die Kerze und die Backform herum. Ein schöner Hingucker im Tablett sind zudem schlichte oder auch ganz bunte Weihnachtsbaumkugeln, in denen sich die Kerze später ein wenig spiegeln kann (wie ihr solche Weihnachtsbaumkugeln selbst macht, erfahrt ihr auf Seite 118).

IHR BRAUCHT

– 1 Holztablett
– kleine, alte Backform
– Moos
– einige Birkenzweige
– einige dickere Äste und ein Stück Rinde
– einige Tannenzweige
– 1 bis 2 Weihnachtsbaumkugeln eurer Wahl
– 1 Stumpenkerze

Fast die gleichen Utensilien wie auf der Lichtertafel und doch ganz anders.

IHR BRAUCHT

– Kerze eurer Wahl, z. B. Bienenwachskerze
– nostalgisches Gefäß, z. B. Zuckerschütte
– natürliche Utensilien wie Moos, Äpfelchen, Tannen- und Stechpalmenzweige

ADVENTSKERZE FÜR BESINNLICHE MOMENTE

Ich bin nicht christlich oder religiös, aber ich mag viele Traditionen rund um Weihnachten wirklich gern. Weihnachten bzw. die Adventszeit sind für mich, auch ohne den christlichen Hintergrund, eine Zeit, in der ich ein wenig mehr zur Ruhe komme. Eine Zeit, die wunderbar besinnlich daherkommt, und die Bezeichnung „Das Fest der Liebe" finde ich persönlich wirklich sehr passend. Wohl wissend, dass dies ein Privileg ist. Ich weiß nicht mehr, wo ich es gesehen habe, aber ich erinnere mich daran, dass ich vor vielen Jahren mal Menschen begegnet bin, die in der Adventszeit bis zum Heiligen Abend täglich eine große Kerze angezündet haben. Und ich mochte die Idee, sich jeden Tag einen kleinen besinnlichen Moment für sich allein oder auch gemeinsam mit den liebsten Menschen zu schaffen. Für einen Moment den Tag Revue passieren lassen und sich der wunderbaren Lichtstimmung einer Kerze hingeben, kurz in sich gehen und genießen. Vielleicht findet ihr die Idee der Adventskerze genauso schön wie ich und wollt solch eine Kerze verschenken? Dann hab ich eine großartige Idee, damit die Kerze zu einem besonderen Geschenk wird. Stellt sie doch in eine alte Backform – oder wie hier in eine alte Zuckerschütte – und dekoriert ein paar natürliche Utensilien drum herum. Schon ist aus der einfachen Kerze ein ganz persönliches und wunderschönes Geschenk geworden.

Eine Kerze für die maximale Gemütlichkeit im Haus.

Alte Flaschen, die ihr nirgends mehr abgeben könnt, finden hier ein zweites Leben.

IHR BRAUCHT

– diverse Glasflaschen
– passende Stabkerzen
– Utensilien wie Tannenzweige, Gräser, Blätter etc.
– Draht
– Juteband oder diverse Bänder

FLASCHEN-RECYCLING

Unser Pfandsystem ist mittlerweile ganz gut ausgearbeitet und Einwegpfand bei Glasflaschen findet sich glücklicherweise kaum noch in unseren Supermärkten und Getränkeläden. Dennoch, hier und da bleiben eben doch mal ein paar Flaschen über. Oder sie kommen aus dem Ausland mit nach Hause, verlieren ihre Etiketten, oder ihr findet so richtig alte und undefinierbare Flaschen im Keller eurer Eltern oder Großeltern. Schmeißt sie nicht einfach weg, sondern nutzt sie doch weiter als kreative Kerzenhalterung!
Eurer Kreativität könnt ihr hierbei wirklich richtig freien Lauf lassen. Ob ihr sie anmalt, ein schlichtes Juteband oder ganz bunte Bänder herumwickelt, ein paar Tannenzweige oder verschiedene Gräser mit Draht an ihnen befestigt: Ihr könnt euch kreativ an ihnen austoben und den Flaschen dadurch ein neues Leben einhauchen. Probiert es einfach mal aus! Ihr habt mit einer Flasche, einer Kerze und ein bisschen Kreativität immer und schnell ein besonderes Geschenk parat!

IHR BRAUCHT

- 24 verschiedene Geschenkideen
- altes Packpapier, Verpackungen etc.
- altes Geschenkbank oder Juteband

ADVENTSKALENDER

Ich weiß nicht, wie es euch geht, aber ohne einen Adventskalender geht es bei mir nicht! Gibt es denn etwas Schöneres, als in der Adventszeit am frühen Morgen noch völlig verschlafen, aber unglaublich aufgeregt zu seinem Adventskalender zu huschen, ein Türchen zu öffnen und sich dann einfach nur riesig über eine schöne Kleinigkeit zu freuen? Niemand kann mir weismachen, dass das keine Freude bereitet!

Wirklich Spaß macht mir das allerdings nur, wenn der Inhalt des Kalenders kein Quatsch ist, brauchbar daherkommt und wenig bis gar keinen Müll produziert.

Wenn ich für liebe Menschen einen Adventskalender gestalte, nutze ich für die Verpackungen der 24 Geschenke nur Dinge, die eh schon da sind. Also beispielsweise alte, kleine Kartons, Zeitungs- oder Packpapier aus Paketen, die hier im Laufe des Jahres ankamen, Stoffreste oder alte Eierkartons. Die Liste der Möglichkeiten ist lang, und ich bin sicher, dass ihr in eurem Haushalt noch andere tolle Dinge findet, die ihr zum Verpacken der kleinen Geschenke nutzen könnt. Ich habe für euch einen Garten-Adventskalender mit 24 Ideen entwickelt, damit ihr einer gartenbegeisterten Person eine richtig große Freude machen könnt!

Selbst gemacht

Vielleicht ist euch schon aufgefallen, dass viele der genannten Geschenke (rechts im Kasten) hier aus diesem Buch stammen und ihr sie ganz einfach zu Hause herstellen könnt. Einige andere Ideen, wie zum Beispiel die Kakao- und Sheabutter und das ätherische Öl, sind als Basics gut dafür geeignet, dass die beschenkte Person auch ein paar einfache DIYs umsetzen und später genießen kann. Sicher fallen euch noch viele weitere Möglichkeiten für die Befüllung eines solchen Adventskalenders ein, nutzt meine Liste einfach als Inspiration.
Vielleicht habt ihr ja auch Lust, einen Saatgut-Adventskalender zu gestalten? Das ist ein sehr persönliches Geschenk und ihr könnt ihn wunderbar mit selbst gewonnenem Saatgut und auch gekauftem mixen, so dass ihr sicher sehr schnell 24 kleine Überraschungen parat habt.
Im Übrigen, für die Befüllung meiner Adventskalender unterstütze ich immer wieder gern kleine Shops, die sich für das Thema Nachhaltigkeit und Umweltschutz einsetzen, und so findet ihr den superhochwertigen Beikrautstecher und die duftende Gartenseife in Tatjanas Onlineshop *https://daheeme.com* und die kleine Ballbrause sowie wunderbar vielfältiges und biologisches Saatgut bekommt ihr im Onlineshop von *https://dergarten.de*, die Shea- und Kakaobutter sowie das Bienenwachs habe ich im Onlineshop von *https://shop.original-unverpackt.de* entdeckt und die ätherischen Öle kaufe ich bei *www.primaveralife.com.*

24 IDEEN FÜR EINEN GARTEN-ADVENTSKALENDER

– Saatgutmischung für Bienenweiden
– Juteband für den Garten
– selbst gemachte Waschpaste
– selbst gefüllte Glaskugeln für den Weihnachtsbaum
– Saatgut aus eurem Garten
– Dünger
– Sheabutter
– Kakaobutter
– Ballbrause, zum Gießen von Jungpflanzen
– Räucherkugeln
– selbst gemachte Deocreme
– Gartenbuch
– Gartenseife
– ätherisches Öl
– Bienenwachs
– Saatgut
– Draht
– Beikrautstecher
– selbst gemischter Kräutertee
– selbst gemachte Saatguttüten
– Gutschein für Hilfe bei der Gartenarbeit
– Anzuchttöpfchen
– diverse Saatgutbomben
– Holzstampfer für Anzuchttöpfchen

Selbst gefüllte Glaskugeln als persönliches Geschenk im Adventskalender.

Natürliche Verpackungen

Buntes Geschenkpapier kann zwar ein Hingucker sein, aber oftmals wird es lediglich zum einmaligen Gebrauch angeschafft und landet nach der Verwendung im Müll. Zeit, dass wir das ändern und unsere Verpackungen nachhaltiger gestalten!

Früher besaß ich eine Menge Geschenkpapier! Ich mochte es bunt und vielfältig und gerade an Weihnachten konnte es für mich nicht genug funkelndes Papier geben. Was war es doch schön, stundenlang vor den Geschenken zu sitzen und sie liebevoll in all das bunte Papier zu wickeln, ich habe es sehr genossen. Und dann stellte ich irgendwann fest, wie sinnlos all der Aufwand war und dass auch das schönste Geschenkpapier am Ende ja doch nur im Müll landete.

Und diese Erkenntnis brachte mich an erster Stelle dazu, all mein gesammeltes Geschenkpapier an einen Kindergarten zu verschenken, und im zweiten Schritt, dass ich nur noch das nutze, was wir eh schon dahaben.

Meine Familie bezeichnete meine Art der Geschenkverpackungen damals liebevoll als „kreative Ökoverpackungen". Aber schlussendlich beobachtete ich auch bei ihnen, dass sie ihre Geschenke mit der Zeit immer öfter alternativer verpackten.

Und wenn ich von alternativen Geschenkverpackungen und „Ich nutze, was ich dahabe" spreche, dann bedeutet es nicht, dass ich meine Geschenke nur noch in flatteriges Zeitungspapier wickle (wobei ich das ab und an tue, wenn mal eine besonders schöne Seite dabei ist).

Es bedeutet, dass ich Dinge, die ich eh schon habe, einfach weiternutze.

Wir alle haben von irgendeiner Bestellung sicher Packpapier daheim, was schon fast fürs Altpapier vorgesehen war, wir finden hier und da ein paar Stoffreste oder schöne Kartons, die wir bemalen oder bekleben können. Manchmal verschenke ich auch ein Geschenk im Geschenk und nehme als Verpackung eine tolle Stoffserviette oder einen schönen Jutebeute. All diese tollen und oftmals schon vorhandenen Dinge

TIPP

Sammelt auch gern ein wenig Moos, Äste und getrocknete Blüten als Anhänger für eure Geschenke.

sind eine tolle Möglichkeit, um Geschenke zu verpacken, da braucht es kein extra Geschenkpapier mehr! Meiner lieben Freundin Tina, die die Geschenke für das Foto hier verpackt hat, fallen immer die schönsten und kreativsten Ideen ein. Sie zaubert quasi aus altem Packpapier richtige Kunstwerke und kann einen einfachen Stoffbeutel so wickeln, dass ihr es auf den ersten Blick kaum erahnen könnt, dass es „einfach nur" ein Beutel ist. Ich bewundere sie sehr dafür, denn meine Talente reichen mehr für „einmal nett eingewickelt, ein Blümchen oben drauf und fertig". Wärt ihr auf die Idee gekommen, das Packpapier an einer Stelle zu reißen und die Ränder mit goldener Farbe zu verschönern, bis sie richtig funkeln? Ich nicht, sie aber schon! Tolle Frau! Doch egal, wie aufwendig oder einfach ihr eure alternativen Geschenkverpackungen gestaltet, es ist ein so schönes Gefühl, wenn der Müllstapel an Weihnachten oder an Geburtstagen so viel kleiner ausfällt und die meisten der verwendeten Verpackungen wieder- oder weiterverwendet werden können. Ihr bringt damit eine große Portion mehr Nachhaltigkeit in euer Leben, spart Ressourcen und inspiriert vielleicht schon bald euer Umfeld, es euch nachzumachen!

Neu gekauftes Geschenkpapier gibt es bei uns kaum noch. Ich verwende zu gern alte oder praktische Dinge, um den Geschenken eine schöne Umverpackung zu geben.

DIY: Kreative Verpackungen

Mit einem immergrünen Zweig oder getrockneten Blüten lassen sich Geschenke gleich noch ein wenig weihnachtlicher gestalten.

Green up your life

Natürlich – mit Lebensbaum

Ich liebe es, ganz natürliche Utensilien in die Gestaltung meiner Geschenkverpackungen einzubinden. Oftmals suche ich ein paar bunte Trockenblumen aus, die ich an das Geschenkband binde. Doch gerade im Winter entscheide ich mich gern für einen Zweig der immergrünen Thuja (Lebensbaum), die mit ihrem leuchtenden Grün einen wunderbaren Farbklecks auf jede Verpackung bringt.

Beachtet aber bitte, dass Lebensbaum in allen Pflanzenteilen giftig ist. Verschenkt ihn daher besser nicht an empfindliche Personen, die davon Juckreiz oder Hautrötungen bekommen können. Der Verzehr verbietet sich von selbst! Alternativ könnt ihr beispielsweise Bambus verwenden.

1. Zweig oder Stempel?

Wenn ihr nicht nur – ganz schlicht – einen Zweig der Thuja für die Gestaltung eurer Geschenkverpackung verwenden möchtet, sondern auch das Packpapier noch ein wenig bunter gestalten wollt, dann könnt ihr den Zweig als Stempel benutzen. Nehmt dazu einen Tuschkasten sowie einen Pinsel zur Hand und entscheidet euch für eine Basisfarbe, die ihr zum Stempeln verwenden wollt.

2. Farbe auftragen

Bestreicht den Thuja-Zweig im zweiten Schritt wirklich dick und am besten sogar mehrmals mit der ausgewählten Farbe. Wenn ihr den Zweig gründlich eingepinselt habt, legt ihr ihn mit der bemalten Seite vorsichtig auf euer Papier. Drückt den Zweig jetzt langsam, aber dennoch fest auf das Papier und zieht ihn vorsichtig wieder herunter.

3. Verfeinern

Je nachdem, wie zufrieden ihr mit eurem Druck seid, könnt ihr ihn natürlich und pur lassen, oder ihr stempelt noch ein paar mehr Zweige auf euer Papier. Wenn ihr es bunt mögt, dann arbeitet doch mit etwas Farbe die gestempelten Zweige nach, verteilt ein paar Farbkleckse oder malt goldene Kugeln auf die Zweige. Fühlt euch ganz frei in der Gestaltung, schön wird es eh!

4. Verpacken

Lasst das Packpapier mit eurem Druck und der eventuellen bunten Verfeinerung an einem warmen Ort gründlich trocknen und wickelt später euer Geschenk wie gewohnt ein. Wenn ihr mögt, könnt ihr nun ja auch noch einen frischen Thuja-Zweig mit an das Geschenk binden, der zusätzlich für einen frischen und ganz würzigen Duft sorgt.

Oh Tannenbaum!

Ein bunt geschmückter und üppiger Tannenbaum ist in unserer Gesellschaft eine sehr fest verankerte Tradition, wirklich nachhaltig kommen aber leider nur die wenigsten Bäume daher. Wie wäre es also mit einer zeitlosen, nachhaltigen und immer wieder verwendbaren Alternative?

Auf Geschenke unter dem Baum müsst ihr nicht verzichten!

Weihnachtsbäume sind etwas Wunderbares. Bunt geschmückt, duftend. Was wäre Weihnachten nur ohne sie? Die Wahrheit ist jedoch, dass wir die uns so bekannten und geliebten Weihnachtsbäume leider ganz schön romantisieren. Denn wenn wir mal genauer hinschauen, dann ist der Kauf eines Weihnachtsbaums aus vielen Gründen in den meisten Fällen wirklich nichts, womit wir nachhaltig, klimaschonend oder überhaupt im Sinne der Umwelt handeln.
Wusstet ihr, dass eine Nordmanntanne, die ihr in einer durchschnittlichen Größe in der Weihnachtszeit kaufen könnt, bis zu zehn Jahre Wachstumszeit hinter sich hat? Und nach diesen zehn Jahren steht sie im Durchschnitt gerade mal 14 Tage in unseren Wohnzimmern, bevor sie weggeworfen wird. Irre Vorstellung, oder?
Außerdem stammen die meisten Weihnachtsbäume von Plantagen, auf denen, nicht immer rückvollziehbar, gespritzt wird. Der BUND testet regelmäßig Weihnachtsbäume auf Pestizide und stellt leider auch regelmäßig fest, dass viele der Bäume sogar einem regelrechten Pestizidcocktail ausgesetzt sind. Dieser landet später in unseren Wohnzimmern. Laut *Zeit.de* kauften die Deutschen im Jahr 2021 rund 30 Millionen Weihnachtsbäume. Versucht, euch bitte einmal vorzustellen, wie groß die weltweiten Flächen sein müssen, um diese Masse an Bäumen allein für den deutschen Markt weiterhin anzubauen. Mir wird ehrlich gesagt ziemlich schwindlig bei dieser Vorstellung und vor allem, dass all das „Vergnügen" auf Kosten unserer Umwelt stattfindet. Dieser massenhafte Anbau kostet nämlich eine Menge Wasser, Platz für bitter nötigen Lebensraum und Artenvielfalt und benötigt darüber hinaus auch viel Dünger. Bittere Fakten, oder?
Natürlich gibt es regional oder ökologisch Anbauende, bei denen ihr

grundsätzlich ohne Bedenken eure Weihnachtsbäume kaufen könnt. Die Frage ist nur: Wäre es vielleicht an der Zeit, mal etwas anders zu machen? Traditionen zu überdenken und zeitgemäßer zu gestalten? Ich habe für euch auch nicht die perfekte Lösung zur Hand, aber ich biete euch auf der nächsten Seite eine Lösung, die vielleicht eine gute Alternative zum echten Baum für euch sein könnte!
Falls ihr euch jetzt gerade fragt, warum ich als Alternative nicht einfach einen künstlichen Baum nenne, dann ist die ganz einfache Antwort: Aus Sicht der Ökobilanz müsstet ihr einen künstlichen Baum mindestens 17 Jahre nutzen, damit er sich ökologisch lohnen würde.

Ein wahrer Baum fürs Leben, wenn ihr sorgsam mit ihm umgeht. Und selbst, wenn mal etwas kaputt geht, ist es einfach zu ersetzen.

DIY: Tannenbaum aus Hölzern

Der Weihnachtsbaum aus alten Hölzern ist eine tolle Alternative zu einem echten Baum und ihr könnt ihn einfach und schnell nachbauen.

Ihr braucht:

- 1 dünne Eisenstange (hier 1 m Höhe und 0,8 mm Dicke)
- reichlich verschieden große, aber ähnlich dicke, gesammelte Äste (wie auf dem Bild links zu sehen)
- 1 Holzscheibe als Fuß (mindestens 25 cm Durchmesser)
- 1 geraden, ca. 15 cm hohen und mindestens 5 cm dicken Ast
- 1 Holzbohrer und Akkuschrauber
- 1 bis 2 Schrauben (4 x 60) und passenden Bit
- Draht (optional)

1. Der Fuß

Bohrt für die Halterung der Eisenstange mit dem Akkuschrauber und einem passenden Holzbohrer in eine Seite eures dicken Astes ein ca. 10 cm tiefes Loch. An der anderen Seite schraubt ihr die Holzscheibe mit ein bis zwei Schrauben fest.

2. Das Gerüst

Nehmt euch die lange Eisenstange zur Hand und steckt sie in dem vorgebohrten Ast gut fest.

3. Löcher bohren

Sortiert eure gesammelten Äste von klein zu groß und legt sie euch – wie auf dem Bild links zu sehen – passend bereit. Nehmt euch nun den Akkuschrauber und den dazugehörigen Holzbohrer (8 mm) zur Hand und bohrt nach und nach mittig je ein Loch in eure Äste. Seid dabei vorsichtig, damit die Äste nicht brechen.

4. Äste auffädeln

Steckt die Äste nun, mit dem größten Ast beginnend, auf die Eisenstange und arbeitet euch bis zum letzten und kleinsten Ast vor. Wenn ihr den Baum minimalistischer wollt, dann lasst die Abstände der Hölzer größer. Wollt ihr ihn praller, dann verwendet einfach mehr Äste und steckt sie enger.

5. Äste fixieren

Es kann immer passieren, dass die Äste ein wenig an der Stange rutschen. Dann hilft ein klein wenig Draht, den ihr von unten nach oben an der Stange und den Ästen herumwickelt. Ich nutze dafür goldenen Draht, der passt optisch auch richtig gut. Fertig ist euer Baum!

Bunt gefüllt und frisch aus dem Garten.

IHR BRAUCHT

– einige Weihnachtskugeln aus Glas
– viele natürliche Utensilien wie kleine Äste, getrocknete Blüten, Gräser, Moos etc.

WEIHNACHTSKUGELN MIT GARTENFUNDEN

Nachdem ihr den kleinen Holzbaum nachgebaut habt, benötigt ihr sicher auch noch ein paar passende Kugeln für ihn, oder ihr seid vielleicht noch auf der Suche nach einem persönlichen und schönen Weihnachtsgeschenk? Dann sind die mit natürlichen Utensilien befüllten Weihnachtskugeln sicher eine inspirierende Idee für euch!
Es soll ja bekanntlich Menschen geben, die jährlich ihre Weihnachtsdekoration ändern und sich auch farblich immer wieder neu definieren. Ich gehöre irgendwie nicht dazu. Doch ich kann es total verstehen, wenn der Wunsch nach Veränderung in der Weihnachtsdekoration da ist. Die Dekoration für meinen Holzbaum oder meine grundsätzliche Weihnachtsdekoration variiert selten. Ich mag es immer so natürlich wie möglich, minimalistisch und in gedeckten Farben. Die Weihnachtsbaumkugeln aus Glas passen da ganz wunderbar in mein Schema, aber (!)... Und jetzt kommt das eigentlich Tolle daran: Sie sind eben auch perfekt für Menschen, die ihr Farbschema jährlich ändern, denn die Kugeln können Jahr für Jahr neu befüllt werden und sparen so eine Menge Ressourcen und auch eine Menge Platz in der Abstellkammer. Einzig ein wenig vorsichtige und präzise Fingerarbeit gehört dazu, wenn ihr den Inhalt hin und wieder ändern wollt, denn die Glaskugeln können nur über die obere Öffnung befüllt und wieder geleert werden. Lasst euch davon aber nicht abhalten, nehmt euch eine Pinzette zur Hand und dann klappt das schon!
Meine Kugeln befülle ich meist mit Fundstücken aus meinem Garten

oder dem Wald, denn auch im Winter findet sich da noch so viel. Moos ist zum Beispiel reichlich vorhanden und an einigen Stauden finden sich zudem noch ein paar vertrocknete Blüten oder Samenkapseln, die in so einer Glaskugel wahrlich edel ausschauen. Ihr könnt die Beeren vom Ilex (Stechpalme) verwenden und tolle Farbakzente setzen, und auch das Pampasgras eignet sich perfekt und verleiht den Kugeln etwas sehr Feines und Leichtes.

Falls euch das alles viel zu natürlich daherkommt, dann werft doch einfach eine ordentliche Portion Konfetti in die Kugeln und handhabt es so richtig bunt. Wenn ihr statt des Papierkonfettis ein Saatgutkonfetti verwendet, dann können die Beschenkten im Frühjahr die Kugeln über ihren Beeten ausleeren und es ordentlich blühen lassen. So schön gefüllte Kugeln bieten dann gleich eine wunderbare Aussicht auf den nächsten Sommer!

In den Kugeln finden all eure Gartenschätze Platz und erzielen eine wunderbare Wirkung.

Danksagung

An erster Stelle möchte ich, wie immer, dem besten Mann von allen danken. Danke, dass du auch das dritte Buch gemeinsam mit mir durchgestanden hast, mir immer Mut gemacht, an mich geglaubt und dieses großartige Cover Bild geschossen hast! Du bist einfach der Beste und ich liebe dich so sehr!
Ein großer Dank geht an meine Lektorin Birgit, die – immer dann, wenn ich es nicht tat – am meisten an dieses Buch geglaubt hat. Danke für dein Vertrauen und all die Freiheiten, die ich in diesem Projekt hatte.
Danke an meine liebste Claudia. Du begleitest mich vom ersten Buch an und ich weiß gar nicht, wie oft du mir schon den Hintern gerettet hast, aber es zwar ziemlich oft und ich bin dir unendlich dankbar dafür.
1000 Küsse und Grüße gehen an all meine Freund*innen und meine Familie, die mich auf dem Weg zur Fertigstellung dieses Buches so wahnsinnig unterstützt haben, sich für Bilder zur Verfügung gestellt haben und immer ein offenes Ohr für mich hatten. Das bedeutet mir so viel.
Danke an Henrike, Sebastian, Karo, Lea, Wiebke, Tina, Jojo, Miri und Dani, dass ihr nicht müde wurdet mich zu fragen, ob ich etwas brauche, ihr mir helfen oder etwas abnehmen könnt. Das bedeutet mir so viel und ich hab euch alle unendlich lieb.
Danke an dich Tati, dass dein Shop daheeme so wunderbar ist, wie er ist und du mich mit all deinen Schätzen so liebevoll unterstützt hast.

Was wäre ich nur ohne meine kleine Öko-Truppe? Laura, Tati, Annie, Marisa, Verena und Andrea! Hach, ihr seid einfach alle großartig. Dani, ohne dich, die MachBar, deine tatkräftigen Hände, deine motivierenden Worte und deine bedingungslose Freundschaft hätte ich alleine vieles nicht so umsetzen können, wie wir es gemeinsam geschafft haben. Ich hab dich so lieb. Danke liebe Babett, dass du dich und deine Kunst in dieses Buch eingebracht hast, es war mir eine so große Freude mit dir zu arbeiten! Paps, danke, dass du dieses wunderbare Insektenhotel so liebevoll gezaubert hast und dich bedingungslos für all meine Ideen zur Verfügung gestellt hast! Du bist der beste Paps der Welt.

Christina, du und deine wilden Ideen und das blaue Haus am Deich in Restorf (ihr solltet da alle mal Urlaub machen!) als mein Rückzugsort! Danke für alles, du wundervolle Frau.

Danke an die liebste Mo! Lass uns sofort in die nächste Buchhandlung fahren, dort stehen und laut quietschend feiern, dass es erschienen ist. So wie damals in Köln.

Danke an die Stadtgärtner und an dich liebe Jenni von „Der Garten“! Eure tollen Produkte passen einfach so gut zu diesem Buch!

Am Ende ein großes Dankeschön an meine Community bei Instagram und an alle, die ich jetzt nicht erwähnt habe. Danke für all eure aufmunternden Nachrichten und eure Freude über dieses Buch! Ihr seid toll.

Mitwirkende

DANIELA VON „DIE MACHBAR“

Ich bin Daniela Frackmann aus Ratzeburg und mein Prinzip lautet „Einfach mal machen“. Vor ein paar Jahren gründete ich „Die MachBar“, um Menschen einen Ort zu erschaffen, an dem sie sich kreativ austoben können. 2021 eröffnete ich den dritten Standort der MachBar im wunderschönen Lübeck und biete nun auf 200 qm in der Gollan-Werft Co-Working, kreative Auszeiten und Erlebnisse, sowie Workshops an. Wenn es euch mal nach Lübeck zieht, kommt auf einen Kaffee vorbei und lernt mich und „Die MachBar“ kennen! Ich freu mich auf euch!
https://die-machbar.com

TATI VON „DAHEEME“

Daheeme heißt auf sächsisch: Zuhause! Bei daheeme stehen nachhaltige Küchen-, Haushalts- und Gartenprodukte im Mittelpunkt. Der kleine Onlineshop verkauft dabei als Besonderheit nicht nur Neuwaren, sondern auch gebrauchte Einzelstücke wie alte Emailleeimer und Sturmwäscheklammern. Gegründet wurde der Shop im Sommer 2021 von mir, Tatjana Franz. Ich stöbere selbst gerne auf Flohmärkten und verbringe meine Freizeit am liebsten im Gemüsegarten.
https://daheeme.com

BABETT VON „MALINGS SCHILDERKUNST“

Zeichnen, Malen und Kreativsein: diese Leidenschaften begleiten mich schon immer. Nachdem ich lange Zeit als Architektin gearbeitet habe, gründete ich 2019 mein kleines Unternehmen Malings Schilderkunst und gebe seither viele tolle Workshops in und um meiner Traumstadt Lübeck. Ob Handlettering, Brushlettering, Aquarell, Signpainting oder Tafelbeschriftungen – meine Kunst teile ich gerne in Workshops oder in Kundenaufträgen von Unternehmen. Ich freue mich immer wieder, meine Teilnehmer:innen mit der Begeisterung für Stifte, Farbe und Pinsel anzustecken und das kreative Chaos als Entspannung zu erleben. Wer mehr über meine Angebote lesen mag, schaut hier: *www.malings-schilderkunst.com*

Danke an euch alle!

Service

BEZUGSQUELLEN

daheeme
https://daheeme.com
Gartenwerkzeug, Kochen & Backen, Gebrauchtes etc.

Bingenheimer Saatgut
www.bingenheimersaatgut.de
Bio-Saatgut für Gemüse, Kräuter, Blumen, Gründüngung

Der Garten
https://dergarten.net
Bio-Saatgut, Dünger, Ballenbrause, Tools etc.

Die MachBar
https://die-machbar.com
Workshops zu Bienenwachstücher etc.

Die Stadtgärtner
www.diestadtgaertner.de
Saatgut, Bienennahrung, Blumenpresse, Zubehör etc.

Dille & Kamille
www.dille-kamille.de
Blumentöpfe, Gartendeko, Saatgut, Nisthilfen, Tierfutter, Gartenwerkzeug etc.

Magic Garden Seeds
www.magicgardenseeds.de
Kräuter, Gemüse, alte Sorten, Raritäten und seltene Pflanzen

Malings Schilderkunst
www.malings-schilderkunst.com
Handlettering-, Aquarell-, Chalk-Workshops etc.

Manufactum
www.manufactum.de
Gartenmöbel, Gartenausstattung, Gartenwerkzeug, Anzucht, Pflanzen etc.

REGISTER

Fette Zahlen verweisen auf Abbildungen.

Adventsdeko 100 ff., **100 ff.**
Adventskerze 106, **106**
Adventskranz 102 f., **102 f.**
Akelei 28
Alant 85
Altpapier 22
Amaranthblüte 74, **74 f.**
Anzuchttöpfe selber machen 18 f.
Ätherisches Öl 34, 56 ff., 109
Aussäen, nachhaltig 18 ff., 21

Backform 98, 103, **103,** 105
Badesalz 56, **56**
Baldrian 85
Beifuß 85
Bienenfutter 68
Bienenwachskerze 42, 106
Bilderrahmen, Blüten 44, **44**
Birkenzweige 102, 105
Blüten pressen 41, **41**
Blüten trocknen 40 ff., **41 f.**
Blüten, ganzjährig 13
Blüten, getrocknete **44, 46,** 56 f., 78, 103, 118
Blütenkerzen 42 f., **42 f.**
Blutweiderich 9
Borretsch 69
Brombeeren 51

Deo, Salbei 54
Dill 30
Direktsaat 21
Distel 69
Düfte 84 ff.

Efeublätter 92 f., **92 f.**
Efeuwaschmittel 92 f., **92 f.**
Eierkartons 18, **19**
Eisenkraut 85
Eistee 52, **52**
Emaille 60 f., **61**
Engelwurz 85

Flaschen-Recycling 107, **107**
Flieder 8 ff., **9 ff.**
Fliedersirup 10, **11**
Fliederzucker 10, **10**
Floating Frame 44, **44**
Flockenblume 28
Fußbalsam 57
Futterstelle, Zapfen 99, **99**

Gänseblümchen-Öl 36, **36**
Gartenecken, wilde 12
Geschenkpapier 110
Getrocknete Blüten **44, 46,** 56 f., 78, 103, 118
Getrocknete Gräser 40 ff., 77, 103, 107
Giersch **37**
Gierschpesto 37
Glasflaschen 107
Gräser 45
Gräser, getrocknete 77, 103

Hagebutten 72 f., **72 f.**
Handlettering, Workshop 79
Hauswurz 28
Herbarium 78 f., **78 f.**
Herbst 64 ff., **64 ff.**
Herbstblätter 74
Herbst-Bucket-List 71
Herbstfrüchte, Kranz 72 f., **72 f.**
Herbstlichter, magische 80 ff., **80 ff.**
Himbeeren 51
Holunder 86
Hopfen 74
Hortensienblüten 74, **74 f.**

Inhaltsstoffe 33
Insekten 8, 10 f., 12 ff., 20, 36
Insekten, Lebensraum 12
Insektenhotel bauen 14 f., **14 f.**
Insektenpflanzen 13, 28
Insektentränke 62 f., **62 f.**

Johanniskraut 86

Kamille 56, 86
Kerzen 103 ff., **103 ff.**
Kerzen, Bienenwachs 42, 106
Kerzen, Raps 42
Kerzen, Soja 42
Klebstoff, natürlicher 46
Kletterpflanzen 24
Klopapierrollen 18 f., **19**
Kokosfett 97 ff.
Kokosöl 34, 54 ff., 57
Koriander 30
Kornblumen 51, 57
Kosmetik selber machen 54, **54**
Kranz mit Herbstfrüchten 72 f., **72 f.**
Kranz mit Hortensien 74, **74 f.**
Kranz mit Pfaffenhütchen **77 f.,** 78
Kränze, Herbst 70 ff., **70 ff.**
Kräuter für Badesalz 56
Kräuter für Tee 50 f.
Kräuter zum Räuchern 85
Kräuter für Insekten 30 ff.
Kräutergarten im Korb 30 ff., **30 ff.**
Kräutertee 52
Kürbislicht 82 ff., **82 ff.**

Lagerfähigkeit, Saatgut 67
Lärchenzapfen 72 f., **72 f.**
Lavendel 51, 56, 86
Lebensraum Insekten 12
Lichtertafeln 104, **104**

Mandelöl 34
Massagebar 58, **58**
Mauerpfeffer 28
Meersalz 56
Melisse 56
Metallreifen 77
Mikroplastik 33
Mini-Frühlingsgarten 28
Mini-Garten 30 ff., **30 ff.,** 62 f., **62 f.**
Minze 51, 56 f., 69, 86
Mohn 69
Moos 72 f., **72 f.,** 103, 106, 118

NABU 13
Natron 34, 54
Netzwerk Blühende Landschaft 12

Obstsalat 10
Oregano 86

Palmöl 33 f.
Papier sparen 23
Paraffin, Alternativen 42
Peeling, Energie 57, **57**
Pfaffenhütchen **77 f.,** 78
Pfanne, alte 102 f., **102 f.**
Pfefferminze 51
Pflanzen, heimische 12
Pflanzen, insektenfreundliche 13, 28
Pflanzenschilder 27, **27**
Pflanzentausch 18
Pflanzenvermehrung 18 ff.
Pflanzenvielfalt 20
Poffertjes-Form **97 f.**
Porzellanstifte 60
Pressen, Blüten 41, **41**

Rainfarn 45
Rankhilfen 24 ff., **25 ff.**
Rapskerzen 42
Räucherkohle 87
Räucherkugel 87, **87**
Räuchermischungen **89**
Räuchern mit Kohle **86 f.,** 87
Räuchern, Kräuter 85
Räuchern, Kräuterbündel 88, **88**
Räuchern, Stövchen 88, **88**
Räucherwerk 84
Ringelblume 56, 69
Rosen 51, 57
Rosmarin 30, 56, 86

Saatgut ernten 66
Saatgut, Lagerfähigkeit 67
Saatgut, samenfestes 20, 66
Saatgutblätter 22 f., **22 f.**
Saatgut-Grußkarten 68 f., **68 f.**
Salbei 51, 54 f., 86
Salzteiganhänger **48 f.,** 48 f.
Samenfestes Saatgut 20
Schleierkraut 45
Schmetterlinge 8
Schmetterlingsflieder 8 f.
Schnittblumen 40
Schnittlauch 28, 30
Sojakerzen 42
Sommer 38 ff., **38 ff.**
Sommerkranz 45, **45**
Sonnenblume 69
Sparen, Papier 23
Speisestärke 54
Stabkerzen **104,** 105 f., 107, **107**
Stearin 43
Stechpalmenzweige 106
Stoffreste 110
Strohblume 45
Strohkranz 72 f., **72 f.**
Syringa vulgaris 8

Tannenbaum aus Hölzern **114 ff.,** 116 f.
Tannenzweige 103, 105 ff.
Tee 50 ff.
Teemischung 52
Teesäckchen, Mehrweg 53, **53**
Tetrapack, Upcycling 16 ff., **16 ff.**
Thuja **112 f.**
Thymian 28, 51, 56, 86
Totholz 12 f.
Trockenblumen 40 ff., **41 ff.**
Trocknen, Blüten 40, **41**

Upcycling 12 ff., 60 f.
Upcycling, Tetrapack 16 ff., **16 ff.**

Vermehrung 18 ff.
Verpackungen, natürliche 110, **111 ff.,** 112 f.
Vlies 30
Vögel füttern 97
Vogelfutter 96 ff., **96 ff.**
Vogelfutterstation 98, **98**
Voranzucht 21

Waschmittel, Efeu 92 f., **92 f.**
Waschpaste 33, **33**
Waschsoda 92
Weide, Rankhilfe 26, **26**
Weidenrute 74, **74 f.**
Weihnachtsbaum 114
Weihnachtskugeln 118 f., **118 f.**
Wellness 54 ff.
Wermut 86
Wildkräuter 12
Wildpflanzen 12
Windlicht 46, **46 f.**
Winter 94 ff., **94 ff.**
Workshop Handlettering 79

Ysop 86

Zeitungspapier, altes 19, 22
Zierkürbislichter 82 ff., **82 ff.**
Zierkürbisse 80 ff., **80 ff.**
Zinnien 16 f., **16 f.**
Zitronenmelisse 51, 86

BILDNACHWEIS

162 Farbfotos wurden von Franzi Schädel für dieses Buch aufgenommen.
Ein weiteres Foto auf Seite 121 von I.S.

IMPRESSUM

Umschlaggestaltung von Claudia Eder – Konzept und Gestaltung – Pocking
unter Verwendung von 9 Farbfotos von Franzi Schädel. Sowie 2 Farbfotos von I.S.
(Umschlagcover und Autorinnenfoto)

Mit 174 Farbfotos.

Der Inhalt dieses Buches ist sorgfältig recherchiert und erarbeitet worden. Dennoch können weder Autorin noch Verlag für alle Angaben im Buch eine Haftung übernehmen. Alle Angaben in diesem Buch erfolgen nach bestem Wissen und Gewissen. Sorgfalt bei der Umsetzung ist indes geboten. Verlag und Autorin übernehmen keinerlei Haftung für Personen-, Sach- oder Vermögensschäden, die aus der Anwendung der vorgestellten Materialien und Methoden entstehen können. Dabei müssen rechtliche Bestimmungen und Vorschriften berücksichtigt und eingehalten werden.

Unser gesamtes Programm finden Sie unter **kosmos.de**.
Über Neuigkeiten informieren Sie regelmäßig unsere
Newsletter, einfach anmelden unter **kosmos.de/newsletter**
Gedruckt auf umweltfreundlichem Papier, klimaneutral hergestellt.

print 4 climate®
klimapositiv gedruckt

– produziert nach den Richtlinien des Österreichischen Umweltzeichens, Gugler GmbH, UW-Nr. 609, www.gugler.at

CERTIFIED cradletocradle SILVER

PurePrint®
innovated by gugler* DruckSinn
Gesund. Rückstandsfrei. Klimapositiv.
drucksinn.at

ISBN 978-3-440-17412-8
Projektleitung: Birgit Grimm
Redaktion und Bildredaktion: Birgit Grimm
Gestaltungskonzept: GRAMISCI Editorialdesign, Claudia Geffert
Gestaltung und Satz: Claudia Adam Graphik-Design, Bad Kreuznach
Produktion: Klaus Jost
Druck und Bindung: Gugler GmbH, A-Melk/Donau
Printed in Austria/Imprimé in Autriche